FACULTE DE DROIT DE PARIS

DOCTORAT JURIDIQUE

DES CONDITIONS

DE LA

RÉCIDIVE EN GÉNÉRAL

THÈSE POUR LE DOCTORAT

PRÉSENTÉE ET SOUTENUE

Le mardi 14 décembre 1897 à 2 heures 1/2

Par Théophile HÉRAUD

AVOCAT

Président : M. LE POITTEVIN, *professeur.*

Suffragants : { M. LAINÉ, *professeur.*
{ M. SALEILLES, *agrégé.*

PARIS

HENRI JOUVE

IMPRIMEUR DES ÉCOLES

15, rue Racine, 15

1897

THÈSE

POUR

LE DOCTORAT

FACULTE DE DROIT DE PARIS

DOCTORAT JURIDIQUE

DES CONDITIONS

DE LA

RÉCIDIVE EN GÉNÉRAL

THÈSE POUR LE DOCTORAT

PRÉSENTÉE ET SOUTENUE

Le mardi 14 *décembre* 1897 *à* 2 *heures* 1/2

Par Théophile HÉRAUD

AVOCAT

Président : M. LE POITTEVIN, *professeur.*
Suffragants : { M. LAINÉ, *professeur.*
{ M. SALEILLES, *agrégé.*

PARIS

HENRI JOUVE

IMPRIMEUR DES ÉCOLES

15, rue Racine, 15

—

1897

DES CONDITIONS

DE LA

RÉCIDIVE EN GÉNÉRAL

INTRODUCTION

La récidive est, en droit pénal, le fait d'un individu
qui, après avoir été condamné pour une infraction, en
commet une ou plusieurs autres. C'est l'accomplissement d'un délit venant à la suite d'un autre et avec
cette circonstance que le coupable avait déjà été puni
pour le premier. Comme le disaient les jurisconsultes
romains, c'est une rechute après correction.

La récidive se constitue donc par une réitération
d'infractions à la charge du même agent, mais elle n'a
pas lieu chaque fois qu'il y a rechute : elle est d'une
nature particulière et ne doit pas être confondue avec
le cumul d'infractions.

Il n'y a récidive que si la réitération s'opère dans des conditions déterminées par la loi, au contraire le cumul existe par cela seul que le même individu se rend successivement coupable de plusieurs infractions punissables ; qu'elles qu'en soient la gravité et la peine.

Il ne suffit donc pas pour qu'un individu soit récidiviste que deux infractions aient été successivement commises ; il faut que la première ait été frappée d'une condamnation et que depuis cette condamnation une nouvelle infraction ait eu lieu. Sans une condamnation antérieure, la multiplicité des crimes ou des délits ne suffirait pas pour constituer la récidive.

L'on aperçoit sans peine la différence capitale qui existe entre le cumul de délits et la récidive : le premier suppose plusieurs infractions commises et restées toutes impunies ; l'autre suppose non seulement un délit accompli mais aussi un délit antérieur frappé d'une condamnation exécutoire c'est-à-dire inattaquable.

La récidive a pour conséquence d'aggraver la peine applicable au fait poursuivi, la réitération n'a pas cette influence : elle impose seulement au juge le devoir moral de traiter plus sévèrement le délinquant.

La raison en est simple : c'est que la récidive étant la persistance dans la violation du commandement légal, la rechute dans l'infraction, atteste l'inefficacité d'une première punition. Si, avant la seconde faute, le coupable n'a pas été jugé, peut-on savoir dès à présent quelle sera sur lui l'influence d'une condamnation et d'une peine et peut-on dire qu'il est un professionnel du délit ?

On ne songe plus aujourd'hui, avec Carnot et Alauzet, à soutenir qu'aggraver le châtiment du récidiviste c'est le punir deux fois, avec M. Ch. Lucas que c'est immoral parce que la récidive prouve l'inefficacité de la répression et l'insuffisance de la correction et qu'il ne faut pas faire retomber sur le condamné les vices de notre système pénitentiaire, avec M. Tissot que les éléments d'aggravation doivent être pris non dans les antécédents du prévenu mais dans les faits eux-mêmes.

Ce serait nous éloigner de notre sujet que de répondre à ces objections qui, si elles n'eussent déjà été victorieusement réfutées en doctrine, devraient être tout au moins de bien peu de portée en présence des monuments du passé et du présent.

La raison d'État, les nécessités sociales, s'il y avait échec au principe, leur seraient une réponse suffisante et sans réplique.

Les législateurs de tous les pays et de tous les temps ont admis dans leurs codes ce principe de raison et de justice, formulé par de vieux auteurs en la forme suivante : « *Gravius multo puniendus est qui ter deliquit quam qui bis* ».

Plan. Le premier chapitre de ce travail sera consacré à quelques notions historiques de la récidive en droit romain et en droit français. Nous ne nous attarderons pas à faire une étude très approfondie : car en cette matière, les travaux des anciens auteurs nous sont de bien peu de secours et d'importance.

La récidive suppose deux termes : condamnation antérieure, infraction nouvelle ; chacun d'eux fera l'objet d'un chapitre. Dans un chapitre quatrième nous verrons les modifications apportées au système français par le projet du Code pénal actuellement en préparation.

Enfin, au lieu de consacrer une partie spéciale aux législations étrangères, nous préférons traiter les diverses particularités qu'elles présentent en même temps que les conditions du droit français se rapportant à ce sujet : et cela dans le but de mieux mettre en relief les différences qui les séparent et d'examiner quel serait le meilleur système à adopter pour le législateur de l'avenir.

CHAPITRE I

Droit romain. — Nous ne trouvons pas en droit romain un système complet et méthodique de la récidive mais bien quelques dispositions concordantes et conçues dans un esprit de sévérité contre le récidiviste ; cela provient de ce que le droit criminel languissait à Rome informe et égaré dans l'arbitraire.

Ainsi on distingue le délinquant primaire du récidiviste en permettant au juge de diminuer la peine du premier : « *Oportet pœnam minuere,* disent les commentateurs, *quoties persona delinquens honesta est neque delinquat nisi semel* ».

Si d'une part, ces antécédents irréprochables devaient attirer sur ce délinquant les douceurs de la loi, par la raison inverse, une condamnation précédente devait entraîner contre lui de justes rigueurs :

« *Item inspici debet judex, an persona quæ fecit*

(*crimen*) *ea sit, quœ prima vice peccaverit an ea quœ jam emendata fuerit, consuetudo enim peccandi auget peccatum et pœnam* » (1).

De nombreuses dispositions édictaient contre le récidiviste des peines plus sévères. Ainsi nous lisons au titre *De pœnis.*

« *Quod si ita correcti in iisdem deprehendantur exsilio puniendi sunt, nonnunquam capite plectendi scilicet cum sœpius seditiosi et turbulente se gesserint.*

(LL. 18, § 3, livre 48, tit. 19).

De même ces dispositions édictées par Hadrien.

« *Ut quis ad tempus relegatus est, si redeat in insulam relegetur, qui relegatus in insulam rescesserit in insulam deportetur, qui deportatus evaserit capite puniatur.*

(LL. 18, § 13, livre 48, tit. 19).

Au code livre 10 titre 2, p. I, nous trouvons les dispositions suivantes :

Si quis avtem exactorum in superexactionis crimen confutatus fuerint, capitali periculo cupiditas ejus amovenda atque habenda est, si in iisdem sceleribus perseveret.

La récidive légale n'existait en droit romain qu'autant que le premier crime avait été juridiquement

1. Pandectes. Pothier, t. 19, liv. 48.

constaté et puni, bien que quelques auteurs aient affirmé le contraire.

A défaut de cette répression antérieure, la rechute dans le délit n'était plus qu'une simple réitération qui n'entraînait pas une aggravation nécessaire de pénalité. Toutefois à la différence de notre droit français chacune de ces réitérations emportait sa peine.

« *Plura delicta concurrentia non faciunt ut ullius impunitas detur* (1) ».

Cette nécessité du châtiment antérieur cessait d'exister si le prince avait fait au condamné remise de sa peine. « *Nisi ex indulgentia principis ei pœna remissa sit* ». Dans ce cas, la peine était réputée subie, la grâce impériale avait dû toucher le coupable aussi vivement que le châtiment lui-même.

En outre, l'aggravation pour récidive s'appliquait à la rechute dans le même délit (*in iisdem sceleribus perseverasset*) disent les textes et non pas à la perpétration successive de plusieurs crimes ou délits différents.

Ancien droit français.

Dans les pays de droit écrit, c'est la législation romaine qui est en vigueur. Dans les pays de coutume,

1. Loi 15. *De privatis delictis*, Ulpianus.

ceux que les Barbares, Francs, Burgondes, Saxons, ont soumis à leur domination, nous ne trouvons nulle trace du principe de la récidive.

Le motif en est simple : la peine n'était point considérée comme la sanction d'un contrat social ou d'un principe de morale mais bien comme une vengeance en même temps qu'une réparation dûe à la famille. On punissait d'abord pour venger, de là ces institutions de guerres privées et du wergheld ou système des indemnités pécuniaires allouées à toute la famille, et tarifées suivant la gravité du fait.

Peut-être dans la loi wisigothe, peut-être chez les Lombards, trouve-t-on quelques principes de la récidive ; peut être aussi ces législations, toutes rudimentaires qu'elles étaient, se ressentaient-elles du contact de la législation romaine ?

Les principes de la récidive n'avaient pas été consacrés d'une manière générale par les lois mais les juges qui pour l'application des peines avaient un pouvoir discrétionnaire voyaient dans la récidive une circonstance aggravante des crimes ou des délits qui leur étaient soumis et les règles posées par les lois romaines s'imposaient à leur jugement à titre de raison écrite.

Les anciens criminalistes qui avaient dégagé la récidive de la réitération, en formulant cette règle que pour qu'il y ait lieu à aggravation de peine, il fallait qu'il y ait eu condamnation antérieure, s'arrêtèrent comme le droit romain, à la seule prévision de la réci-

dive spéciale ; la récidive ne devant s'entendre selon
eux que de la rechute dans le même délit ou tout au
moins dans un délit du même genre.

Dans l'ancienne France, on avait senti le besoin de
prendre des mesures exceptionnelles contre certaines
catégories de malfaiteurs d'habidude, les vagabonds,
les gens sans aveu et sans domicile, les bannis et les
repris de justice. Contre eux la législation de l'ancien
régime prononçait des peines plus rigoureuses et orga-
nisait des juridictions plus expéditives.

Dans la période de notre ancien droit que nous pouvons nommer coutumière et monarchiste, le principe
de la récidive avait passé dans quelques textes posi-
tifs et les peines étaient aggravées en cas de plura_
lité d'infractions. Nous en trouvons des exemples dans
les Ordonnances des 1er janvier 1549, 15 janvier 1560,
22 avril 1561, 13 août 1669, dans les coutumes de Bor-
deaux (chapitre 13 art. 113) de Bayonne (titre XXV
art. 2 et 3) de Nivernais (chap. 1 art. 8). Notamment
la coutume de Bourgogne punissait de mort le vol
commis avec récidive et la déclaration du 4 mars 1724
infligeait la peine des galeres à ceux qui ayant déjà
été condamnés pour vol se rendaient de nouveau coupables d'un crime méritant peine afflictive.

Cette aggravation de pénalité se produisait soit que
la peine ait été subie ou non. Ce principe qui a passé
dans notre législation actuelle était admis partout sans
contestation.

Droit intermédiaire. — Le code pénal du 25 septembre 1791 (1re partie, titre 2 art. 1 et 2) s'occupe de la récidive mais seulement en ce qui concerne les crimes. Il établit à cet égard un système nouveau ; la récidive ne donne pas lieu à une aggravation de peine ; seulement le condamné, après avoir subi sa seconde peine, est transféré pour le reste de sa vie dans le lieu désigné pour la déportation des malfaiteurs. Ce lieu n'était pas fixé ; aussi pour y remédier la loi du 23 floréal de l'an X (art. 1) prononçait pour tous les cas de récidive de crimes la marque ou flétrissure et cela afin qu'à tout instant l'identité des récidivistes pût être constatée. Le code de 1791 était muet sur la récidive des délits et contraventions ; les dispositions se trouvaient dans la loi du 19-22 juillet 1791, sur la police municipale et correctionnelle et dans celle du 28 septembre de la même année sur la police rurale ; ces deux lois doublaient la peine en cas de récidive.

Le Code de brumaire de l'an IV ne contenait aucune disposition qui s'appliquât spécialement à la récidive en matière de crimes et de délits. Il portait (art. 607) qu'en cas de récidive les peines suivraient la proportion réglée par les lois des 19 juillet et 28 septembre 1791.

Dans ces deux codes, seule la récidive spéciale était punie mais c'était plutôt la spécialité dans le genre que la spécialité dans l'espèce qui était considérée.

La loi du 25 frimaire de l'an VIII en faisant descen-

dre au rang de simples délits correctionnels des faits
que le Code Pénal de 1791 punissait de peines afflictives et infamantes disposait qu'en cas de récidive
lesdits délits seraient jugés par le tribunal criminel et
punis des peines portées au Code pénal.

Cette loi dans son article 15 portait que l'aggravation du châtiment ne serait encourue en cas de récidive que si le nouveau délit avait été commis dans
les trois années à compter de l'expiration de la première peine. C'était là une innovation heureuse que le
Code de 1810 avait eu tort de ne pas respecter mais
qui renaîtra dans les lois des 27 mai 1885 et 26 mars
1891.

La loi du 15 décembre 1808 qui formait le titre 6 du
livre II (art. 553 à 599) du Code d'Instruction Criminelle attribuait aux cours spéciales la connaissance
des crimes commis en récidive. Des cours spéciales la
loi des 22-27 décembre 1815 (art. 8) transféra cette
connaissance aux cours prévôtales qu'elle instituait
dans chaque département. Lorsque les cours prévôtales eurent été supprimées, le jugement des crimes
commis en récidive revint naturellement aux tribunaux
criminels ordinaires.

CHAPITRE II

Condamnation antérieure.

Division. — Il est évident, et nous croyons inutile d'y insister, qu'il ne peut y avoir récidive qu'autant que les deux infractions ont été commises par le même individu. Les fautes sont personnelles, les peines doivent l'être également. On ne pourrait donc avoir égard, aux liens qui rattacheraient l'auteur de la seconde infraction à celui qui aurait commis la première, peu importe qu'il fût son fils, son successeur, son associé. Il a été décidé en conséquence que le fils, cessionnaire de l'établissement de boulangerie de son père ne pourrait être condamné comme récidiviste pour une contravention de poids légal dans la vente de son pain, alors que le premier délit avait été commis par le père (1).

1. Cass. crim. rejet., 25 nov. 1835.

La condamnation antérieure, premier terme de la récidive doit être une condamnation pénale ; définitive et irrévocable ; elle doit émaner d'un tribunal français et être prononcée pour une infraction de droit commun. Chacune de ces conditions fera dans cette étude l'objet d'une section. Dans une cinquième section, nous nous demanderons quelle doit être la nature de cette condamnation et dans une sixième à qui en appartient la preuve.

SECTION I

Condamnation pénale.

La condamnation antérieure à une nouvelle infraction ne peut servir d'élément à l'état de récidive que si une peine, dans le vrai sens du mot, a été infligée au prévenu. C'est ce qui résulte du texte des articles 56 et suivants du C. P. « Quiconque ayant été condamné.., »

Au moyen âge, les docteurs discutèrent sur la nécessité d'une première condamnation.

Gomer soutint que la récidive n'avait pas pour fondement une condamnation précédente mais Farinacius défendit victorieusement la thèse contraire, dont il donne du reste la raison « *Sine tali punitione reiterando delictum non possit dici incorrigibilis* » (1).

1. *Quastio* 18. n° 9.

Héraud

2

La règle qui se dégage des articles 56 et suivants du Code Pénal est une régle primordiale, que la philosophie du droit et les notions les plus élémentaires ont placée à la base du droit pénal. En effet, c'est par cette condamnation que la société met le coupable en demeure de mieux se conduire à l'avenir et c'est parce qu'il manque à cet avertissement que la loi le traite avec plus de sévérité. C'est cette condamnation dont l'influence a été nulle qui fait encourir une pénalité spéciale, plus rigoureuse que celle édictée pour l'infraction considérée en elle-même. Si la société n'a pas essayé de corriger le coupable comment faire à ce dernier un grief de sa rechute ?

« Dans la langue du droit, disait M. l'avocat général Rousselier, l'état de récidive suppose, à côté du fait matériel, un élément essentiel d'ordre moral. Jusqu'ici nul n'a pu être considéré comme récidiviste, s'il n'a reçu de la justice un avertissement préalable à la faute nouvelle qui l'amène devant elle. L'amendement des condamnés et l'espoir de leur inspirer la crainte salutaire d'un châtiment nouveau sont les principaux objets de la répression sociale. Tant qu'elle n'a pas usé à leur égard des moyens dont elle dispose pour essayer de les ramener au bien, la société n'a pas rempli vis-à-vis d'eux toute sa tâche. De quel droit déclarerait-elle incorrigible celui qu'elle n'a pas essayé de corriger, réfractaire à tout amendement celui qu'elle n'a jamais tenté d'amender ; jamais puni ; jamais averti

Or l'aggravation du sort du récidiviste est précisément attachée à la présomption de perversité invétérée, qui naît de l'inefficacité constatée des avertissements déjà donnés au coupable ».

Du principe que la condamnation doit être pénale, il résulte que le mineur de seize ans, acquitté comme ayant agi sans discernement, mais renvoyé dans une maison de correction suivant la prescription de l'art. 66 du Code pénal n'est pas en état de récidive s'il commet une nouvelle infraction. La condamnation, en effet, n'a édicté à son égard qu'une mesure de correction et c'est une mesure de répression qui est indispensable pour constituer l'état de récidive.

Il en serait différemment au cas où le mineur de seize ans aurait été condamné à une véritable peine comme ayant agi avec discernement. Ainsi, est en état de récidive l'individu qui se rend coupable d'un crime ou d'un délit après avoir été condamné à l'emprisonne-ment pour un crime commis par lui avez discernement, même avant l'âge de seize ans (1).

Certains auteurs, se basant sur le principe que la condamnation, premier terme de la récidive, doit être pénale, ont voulu conclure que celle prononcée pour un fait qui depuis lors a cessé d'être incriminé par la loi ne pouvait être un élément constitutif de récidive. Cette opinion avait été consacrée par la loi du 23 floréal de

1. Arrêt de la Cour de Paris, 3 décembre 1830.

l'an X. Cette loi, exigeait pour qu'il y ait lieu à récidive, que le fait de la première condamnation fût qualifié crime *par les lois existantes* au moment de la seconde infraction. Le C. P. n'a pas reproduit cette disposition et son silence laisse libre application au principe d'après lequel une loi nouvelle qui supprime ou
réduit une peine ne peut profiter à ceux qui ont été dé-
finitivement condamnés sous l'empire de la loi ancienne. Ainsi donc, en matière de récidive, la criminalité
du fait, objet de la première condamnation, doit être
appréciée d'après les lois en vigueur, à l'époque de
cette condamnation et non d'après les loi postérieures :
le fait est irrévocablement qualifié par la condamnation et les qualifications ultérieures doivent lui rester
étrangères.

Cette solution contredite par quelques auteurs a été
consacrée par deux arrêts de la Cour de Cassation en
date des 4 juillet 1828 (1) et 19 août 1830 (2). Le premier contient les dispositions suivantes :

« Attendu que si une loi nouvelle est venue abroger
la loi sous l'empire de laquelle avait été prononcée
cette condamnation et a converti en simple délit ce que
la première punissait comme crime, elle ne pourrait,
sans porter atteinte à l'autorité de la chose jugée et
sans une rétroactivité contraire au principe fondamen-

1. D. 28. 1. 512.
2. S. 31. 1. 185.

tal de toute législation, anéantir une condamnation conforme à la loi existante au moment où elle a été prononcée et qui lui a imprimé dès lors et pour toujours le principe de l'irrévocabilité ». Brissac, c. M. P.

Le principe de justice absolue, l'une des bases de notre droit pénal, ne commande-t-il pas une telle solution? Et si une loi plus douce a aboli ce qu'auparavant une autre considérait comme un délit, l'individu condamné sous l'empire de la première loi n'en est pas moins coupable d'en avoir violé les prescriptions. Sa perversité n'est-elle pas aussi grande et le trouble causé à la société par ce délit est-il moindre?

Signalons ici une particularité de la loi de frimaire de l'an VIII. Sous l'empire de cette loi, la perpétration d'un nouveau délit par un individu qui avait subi une condamnation dans les trois années depuis sa première faute, ne le mettait en état de récidive qu'autant que lecture lui avait été faite, lors de la prononciation du premier jugement, des dispositions de la loi sur la récidive (1).

La plupart des législations étrangères, à l'imitation du Code Pénal français, exigent pour qu'il y ait récidive, que le prévenu ait déjà subi une condamnation. Il en est autrement du projet du Code Pénal russe qui mérite d'attirer notre attention. La commission de ce

1. Cassation, 18 messidor an IX.

Code aggrave même la peine du criminel d'habitude qui n'a encore reçu aucun avertissement préalable, mais à la condition que le coupable ait commis des crimes identiques ou analogues : toutefois le texte ne précise point dans quels cas ces deux délits devront être considérés comme étant du même genre. Ce projet supprime donc toute différence entre la récidive et le cumul d'infractions, et à sa suite M. Garçon demande à ce qu'on considère comme récidiviste même l'individu qui n'a pas subi de condamnations précédentes. « On voit souvent, dit l'éminent professeur de la faculté de droit de Lille, comparaître devant les Tribunaux des individus dont le casier judiciaire est immaculé et qui cependant, depuis longtemps déjà, font métier du crime. Comment sont-ils parvenus à éviter la prison qu'ils ont vingt fois méritée ? Comment ont-ils échappé aux recherches de la justice et de la police ? C'est le secret de leur habileté malfaisante, ils ont su quelquefois se donner l'apparence trompeuse de la plus scrupuleuse honnêteté, ils sont honorés et estimés, mais il a suffi qu'un juge d'instruction les interrogeât et scrutât leur vie pour que le masque tombât et le prestige s'évanouît. On les voit alors tels qu'ils sont, et ils apparaissent enfin comme des malfaiteurs très dangereux, d'autant plus dangereux même qu'ils sont plus habiles. N'est-il pas absurde, parce qu'ils ont pu échapper pendant longtemps à la répression, de les considérer comme des délinquants primaires dont la première faute occasionnelle mérite l'indulgence. On approuvera donc la commission qui dans ce cas permet au juge d'aggraver la peine » (1).

Introduire dans nos lois la théorie préconisée par M. Garçon serait faire échec à tous les principes admis en cette matière par le code pénal. En effet, la récidive, élément d'aggravation de la peine, suppose dans l'agent une perversité plus profonde que lors de la première faute, car elle pronve qu'il a résisté à la double action du remords et du châtiment, en même temps qu'elle es^t l'indice d'un péril social plus imminent. Or, comment reconnaître cette perversité plus grande et proclamer l'inéfficacité d'une condamnation inexistante si l'individu comparaît pour la première fois devant les tribunaux répressifs?

SECTION II

Condamnation définitive et irrévocable.

La loi française exige, en second lieu, pour l'application des peines de la récidive, que la condamnation soit définitive et irrévocable, c'est-à-dire qu'elle ait été légalement portée à la connaissance du prévenu et ait acquis force de chose jugée au moment où la nouvelle infraction est commise : « Décider le contraire, dit

---

1. *Revue pénitentiaire*, 1896, p. 719 et suiv.

Carnot (1) serait donner au jugement une exécution provisoire à quoi s'opposeraient tous les principes reçus en cette matière. »

Si, pour une cause quelconque, cette condamnation était encore susceptible d'être rapportée, pourrait-on reprocher à l'agent de n'en avoir tenu aucun compte et dire qu'il a reçu de la justice cet avertissement solennel dont l'inefficacité atteste une perversité incorrigible et nécessite un châtiment plus rigoureux.

En conséquence, le condamné qui pendant les délais ou pendant la durée de l'appel ou du pourvoi en cassation, commet une nouvelle infraction n'est pas en état de récidive quand même plus tard il succomberait dans ces voies de recours.

Nous appliquerons la même solution en cas d'infraction commise après une condamnation par coutumace mais avant que cette condamnation soit devenue irrévocable par l'expiration des délais de prescription.

Si, dans les vingt ans donnés au coutumax pour purger sa condamnation, ce dernier commet un nouveau crime, la cour d'assises ne peut pas, après avoir statué d'abord sur la première infraction et s'il y a condamnation par coutumace, appliquer pour le second fait dont l'accusé est reconnu coupable, l'aggravation due à la récidive.

Que décider s'il s'agit d'un jugement par défaut ?

1. *Commentaire* sur le C. P. art, 58. N° 9.

Un arrêt de la Chambre criminelle de la Cour de Cassation en date du 6 mai 1826(1) décide qu'il faut, pour constituer l'état de récidive, que la première condamnation ait été notifiée au condamné conformément à l'article 187 du Code d'Instruction criminelle. D'après la loi du 27 juin 1866, modifiant l'article précité, une condamnation par défaut prononcée en matière correctionnelle et dont la signification a été faite non à la personne du condamné mais à son domicile ou au parquet, reste soumise à la voie de l'opposition jusqu'aux actes d'exécution qui lui en ont donné connaissance ou bien jusqu'à la prescription de la peine qui court pendant le délai de l'opposition. Par suite, c'est seulement après l'une de ces deux époques que cette condamnation va devenir définitive et placer le condamné en état de récidive. Cette condamnation est bien exécutoire mais elle n'est pas définitive puisque la voie de l'opposition est ouverte contre elle et que le condamné est présumé ne pas en connaître l'existence.

Nous donnerions une solution différente pour un jugement contradictoire qui n'a pas été notifié au condamné (2).

Si la condamnation doit être définitive et irrévocable, il n'est pas nécessaire, pour qu'il y ait récidive, que la peine qu'elle prononce ait été subie en totalité ou en partie au moment de la seconde infraction ; c'est la con-

1. Cass. crim. 6 mai 1826.
2. Cass. crim. 19 nov. 1835.

damnation et non l'exécution de la peine qui a dû servir d'avertissement au coupable. Ainsi la prescription de la peine, sa remise par voie de grâce, n'empêchent pas l'état de récidive puisqu'elles n'effacent pas la condamnation mais en modifient seulement les effets. Il serait du reste contradictoire que les condamnés qui ont subi leur peine fussent dans une situation pire que ceux qui l'ont prescrite ou ont obtenu leur grâce.

Quant à l'amnistie, son pouvoir étant d'effacer complètement les crimes et délits auxquels elle s'applique, et de faire disparaître tous les effets des peines prononcées, à l'exception de ceux spécialement maintenus ; les condamnations antérieures à l'acte d'amnistie ne peuvent être admises pour constituer l'état de récidive (1).

La même solution serait applicable au cas où la condamnation aurait été annulée par suite de la révision du procès.

La réhabilitation qui, dans le système antérieur à la loi du 14 août 1885, n'effaçait pas la condamnation, ne l'empêchait pas, par suite même de ce caractère, de compter au point de vue de la récidive. Une telle disposition n'était pas exempte de toute critique. En effet, la réhabilitation, dont l'effet immédiat est, selon les termes de l'ordonnance de 1760 (2) « de remettre le condamné en ses biens et bonne renommée » suppose l'in-

---

1. Cass. crim., 6 mars 1874. D. 74. 1. 277,

2. Titre 16, art, 5,

dividu corrigé, elle le replace au même rang que les autres citoyens, elle en fait pour ainsi dire un homme nouveau. Et cet homme, qui a repris sa place dans la société, s'il vient à tomber, ne tombe-t-il pas du même point? Doit-il être traité plus sévèrement? Pourquoi ce crime effacé resterait-il indélébile pour la récidive seulement? Aujourd'hui, comme l'amnistie et la révision du procès, la réhabilitation empêche la condamnation de servir d'élément à la récidive; c'est ce qui résulte de la loi de 1885 qui a modifié de la façon suivante l'article 634 du Code d'Instruction criminelle : « La réhabilitation efface la condamnation et fait cesser pour l'avenir toutes les incapacités qui en résultent. »

Quant aux condamnations à l'exécution desquelles les cours ou tribunaux ont ordonné qu'il serait sursis par application de l'article 1 de la loi du 26 mars 1891, une distinction est nécessaire. Elles doivent servir de premier terme à la récidive si l'infraction nouvelle se produit dans les cinq ans à dater de l'arrêt ou du jugement, si cette *infraction est de droit commun* et si elle est suivie d'une condamnation à l'emprisonnement, au cas contraire, il n'y a pas lieu d'en tenir compte.

L'infraction de droit commun est ici opposée soit aux infractions politiques soit aux infractions purement militaires mais non aux autres infractions dites spéciales (1). D'une part, en effet, la loi du 27 mai 1885 ne

---

1. Chambéry, 11 février 1893. D. 93,2,511. — Bourges, 17 dé-

fait pas entrer en ligne de compte pour la relégation ces deux catégories d'infractions et les oppose clairement aux infractions de droit commun. Or, la loi du 26 mars 1891, qui obéit à des préoccupations identiques, a dû prendre cette expression dans le même sens. D'autre part, les infractions politiques et les infractions militaires ont un caractère nettement tranché ; qu'on n'observe pas dans certaines lois spéciales. Si la condamnation ne réunit pas les caractères sus-indiqués, il n'y a pas lieu d'en tenir compte pour la récidive.

Les condamnations pénales, encore susceptibles de recours, peuvent-elles devenir définitives et dès lors servir à constituer l'état de récidive par l'effet d'un acquiescement donné par le condamné avant l'expiration des délais accordés pour les attaquer ? La Cour de cassation a varié sur l'appréciation des conséquences légales d'un tel acquiescement.

D'après sa première jurisprudence, maintenue jusqu'en 1836, l'acquiescement du condamné le rendait non recevable à attaquer, notamment par la voie de l'appel, la décision qu'il avait acceptée, par exemple, en l'exécutant avant ou après signification. Sous l'empire de cette jurisprudence, divers arrêts avaient jugé qu'une condamnation par défaut non signifiée ne pouvait servir de base à la récidive que s'il était constaté que le condamné y avait acquiescé.

cembre 1891. D. 92.2.64. — Cas., Chambre criminelle, 25 mars 1892. D. 92.3.310.

Mais depuis 1836, la Cour de Cassation a, au contraire, posé en principe que toutes les voies de droit ouvertes contre une condamnation pénale sont d'intérêt général et d'ordre public et que celui qui en est frappé doit jouir pleinement du temps durant lequel la loi l'autorise à provoquer sa réformation soit par opposition, soit par appel, soit par la voie du recours en cassation. De cette dernière jurisprudence, il faut conclure que l'infraction nouvelle commise par un individu après son acquiescement à une précédente condamnation, ne peut servir de base à la récidive, si lors de cette nouvelle infraction, les délais de recours contre la condamnation acquiescée n'étaient pas encore expirés (1).

Spécialement une condamnation contradictoire en premier ressort de simple police, même alors qu'elle a été exécutée, ne peut être prise en considération pour l'application des peines de la récidive en cas de nouvelle contravention si elle n'a pas été signifiée ; ce défaut de signifiation laissant cette condamnation sous le coup d'un droit d'appel qui lui enlève tout caractère définitif et auquel l'acquiescement du condamné n'a pu porter atteinte (2).

Mais si le silence du prévenu ou de l'accusé a maintenu la condamnation provisoire, n'y a-t-il pas quelque injustice de la part du législateur à assimiler le con-

1. Cass. crim. 23 janv. 1852. D. 62. 1. 144.
2. Cass. crim, 24 janv· 1862. D. 62. 1. 144.

damné à celui dont un débat contradictoire a fixé, avec précision, le degré de culpabilité et dont la peine a essayé la réforme ? Car pour ce dernier, l'avertissement n'a-t-il pas été plus solennel et la rechute plus criminelle ? Ce qui peut faire naître le doute de quelques auteurs c'est que le prévenu ou l'accusé ne s'étant pas défendu, la condamnation ne forme qu'une preuve incomplète de sa culpabilité et que d'ailleurs il n'a pas subi l'influence corrective du châtiment. Quelle que puisse être la force de ces raisons, la loi n'a fait nulle part cette distinction. Elle a rangé sur la même ligne tous les condamnés soit qu'ils aient subi leur peine soit qu'ils se soient soustraits à son exécution, soit que la condamnation ait été contradictoire ou par défaut. C'est le fait de cette condamnation et non ses résultats qu'elle considère. En présence de l'article 56 du C. P., tout doute est impossible et il ne nous est pas permis d'introduire dans la loi une distinction arbitraire.

Toutefois certaines législations, contrairement à la loi française, ont considéré que la condamnation non exécutée n'est qu'une sorte d'avertissement théorique et que seule la peine subie peut mettre le condamné en état de récidive : d'autres, au contraire, punissent différemment les récidivistes suivant que ces derniers ont subi ou non leur peine. Admettre dans notre législation française un pareil système serait favoriser l'individu qui s'est soustrait au châtiment et qui a profité de la liberté pour commettre un nouveau délit.

Législation comparée.

Italie. — Une condamnation, définitive et irrévocable, ne suffit pas dans le Code pénal italien pour constituer un individu en état de récidive. Il faut que la peine précédemment encourue ait été réellement subie ou bien que la condamnation ait été prescrite.

Allemagne. — La peine prononcée pour le délit antérieur doit avoir été subie pour que le juge puisse appliquer l'aggravation résultant de la récidive.

Canton de Berne. — Aux termes de l'article 62 du Code de ce canton, est récidiviste quiconque ayant subi en tout ou en partie la peine qui lui a été imposée à cause d'un fait punissable, se rend coupable plus tard du même fait ou d'un fait de la même nature.

Suisse. — Dans l'avant-projet du Code pénal fédéral suisse, nous trouvons les dispositions suivantes :

Art. 41. — Lorsque... le délinquant avait subi la peine de la réclusion ou celle de l'emprisonnement pendant plus de six mois ou lorsqu'il avait été renvoyé dans une maison de travail aux lieu et place de l'emprisonnement (art. 20) le juge prolongera...

Art. 44. — Lorsqu'un délinquant, après avoir subi de nombreuses peines privatives de liberté... sera de rechef condamné...

SECTION III.

Condamnation prononcée par un tribunal français.

Un troisième caractère du premier terme de la récidive consiste dans une condamnation prononcée par
un tribunal français, peu importe qu'elle émane d'une
juridiction ordinaire ou d'une juridiction spéciale. La
loi ne fait pas en principe de distinction suivant la nature des condamnations prononcées et des infractions
commises : son système embrasse les délits prévus par
le Code pénal comme les délits prévus par des lois spéciales, les délits politiques comme les délits non politiques :
en effet, la différence entre ces diverses infractions dépend de leur caractère intrinsèque et non de la nature
des juridictions appelées à les réprimer.

Ce principe résulte par un *a contrario* décisif de l'exception même qui y est faite par l'article 56 *in fine* du
Code Pénal.

« Toutefois, l'individu condamné par un tribunal militaire ou maritime, ne sera, en cas de crime ou délit
postérieur, passible des peines de la récidive qu'autant
que la première condamnation aurait été prononcée
pour des crimes ou délits punissables d'après les lois
pénales ordinaires ».

Par suite les décisions des conseils de guerre militaires ou maritimes qui punissent des crimes ou des délits de droit commun doivent avoir le même effet que les arrêts de cours d'assises ou d'appel et les jugements des tribunaux correctionnels. Il en serait différemment si la condamnation avait été prononcée pour un fait exclusivement prévu par les lois militaires.

Lorsque, au cas de concours d'infractions, il y a eu condamnation par un conseil de guerre à une peine unique pour deux infractions, l'une militaire, l'autre ordinaire, on admet qu'il y a lieu de rechercher quelle était l'infraction la plus grave et d'y rattacher la condamnation prononcée; de telle sorte que cette infraction servira ou non de base à la récidive suivant que l'infraction aura ou n'aura pas le caractère d'une infraction militaire.

Les condamnations prononcées à l'étranger contre un Français, pour infraction commise hors de notre territoire, ont chez nous un certain effet puisqu'elles empêchent une nouvelle poursuite. Mais, sauf quelques dissidences, on considère généralement que cet effet, en quelque sorte purement négatif, constitue une dérogation aux principes et sauf en ce qui concerne l'exercice de l'action publique ne confère en France ni la force exécutoire ni même l'autorité de la chose jugée. Aussi est-il admis par la plupart des auteurs et il a été maintes fois jugé qu'une condamnation étrangère, même définitive, prononcée contre un Français ne peut jamais le constituer en France en état de récidive légale.

Au contraire, la condamnation prononcée contre un étranger par un tribunal français pour un délit commis en France, doit en cas de nouvelle et semblable condamnation entraîner contre l'étranger l'application des peines de la récidive prononcées par l'art. 58 C. P.

Le principe de souveraineté dont on parle tant et dont les exigences tendent à disparaître à mesure que les gouvernements s'allient par des traités empêche de donner pour la récidive force aux jugements étrangers. C'est une règle qui devrait bien disparaître de nos codes: car la souveraineté n'est nullement intéressée à venir se heurter contre une vérité légale et à nier contre l'évidence qu'un tel a commis un vol ou un homicide en dehors de la loi française. L'individu qui, à l'étranger, viole la loi pénale, est aussi coupable que s'il commettait son délit sur le territoire de sa patrie, sa faute atteint la société tout entière et ne peut trouver une excuse dans sa présence à l'étranger.

« Actuellement, dit M. Le Poittevin, la science commence à s'émouvoir de ce principe traditionnel qui veut que les juridictions des différents pays méconnaissent en quelque sorte officiellement leurs arrêts respectifs et condamnent comme pour une première fois un habitué des prétoires répressifs et l'on tend peu à peu à considérer que les tribunaux des peuples civilisés sont chacun dans leur ressort, les représentants de la justice et de la sécurité sociale, de telle sorte que leurs décisions devraient ici se relier entre elles et se prêter un mutuel appui comme il existe déjà une mutuelle assistance par les extraditions et les commissions rogatoires. Cette tendance doctrinale aujourd'hui pourrait bien devenir fructueuse en résultats pratiques (1) ».

Cette solution est énergiquement combattue par de nombreux auteurs qui lui reprochent de violer le principe de la souveraineté et de la territorialité de la loi pénale, de faire considérer par notre loi comme récidivistes des individus qu'elle n'a même pas essayé d'amender, de se heurter enfin à d'indivisibles difficultés pratiques. Qu'il y ait dans une certaine mesure une atteinte au principe de la territorialité et de la souveraineté de la loi criminelle, cela est hors de doute ; c'es bien, en un sens, faire produire un effet à un jugement étranger que de le prendre pour base de l'aggravation pénale qu'entraîne la récidive. Mais la brèche faite à ce principe est peu étroite, car ce n'est pas exécuter une condamnation étrangère que de punir avec plus de rigueur, au vu de cette condamnation, un délit accompli en France.

L'utilité sociale et l'intérêt de la justice suffisent à justifier pleinement une exception qui ne serait pas sans précédent. En effet, conformément aux dispositions de l'article 5, alinéa 3 du code d'Instruction Criminelle, on respecte bien l'acquittement d'un Français pour-

1. Extrait du *Journal du Droit internationational privé* — Année 1894, p. 207.

suvi et jugé en pays étranger : pourquoi n'en serait-il pas de même pour la récidive? Il ne s'agit pas d'exécuter une condamnation, mais bien d'y puiser certains éléments propres à éclairer l'appréciation des juges. Faire intervenir ici le principe de la souveraineté, c'est porter trop haut un débat qui repose simplement si une question de police et de sûreté. Se défendre efficacement contre des êtres qui sont d'autant plus nuisibles qu'ils n'en sont pas à leur coup d'essai, voilà tout le problème.

Législation comparée. — Presque toutes les législations européennes, suivant sur ce point le droit français, refusent de tenir compte pour l'application des peines de la récidive, des condamnations prononcées en dehors de leur territoire. Il y a cependant exception pour les cantons du Valais et de Neufchâtel.

En Suisse, l'art. 79 du code Valaisan porte qu'il y a lieu de tenir compte pour la récidive des condamnations prononcées par les tribunaux étrangers au canton mais ce texte ne vise sans doute que les décisions des tribunaux suisses.

L'art. 96 du projet de Neufchâtel, entrant résolument dans notre ordre d'idées, porte qu'il sera tenu compte des condamnations prononcées non seulement par les Tribunaux des autres cantons mais aussi par ceux de tous pays avec lesquels la Suisse est liée par un traité d'extradition.

Il en est particulièrement ainsi dans l'avant projet

du code fédéral Suisse, préparé par Mr Stoos et dont
l'article 42 est ainsi conçu:

« Les peines subies à l'étranger par le délinquant à
l'exception de celles encourues pour délits contre l'État
entreront en ligne de compte lorsqu'il s'agira d'aggraver la peine ou de prononcer l'internement »

C'est une heureuse innovation qu'il convient d'ap-
prouver chaleureusement. Le malfaiteur professionnel
habitué des prisons de tous les pays ne doit pas être
considéré par une fiction légale comme un délinquant
primaire. A l'heure où nous en sommes la répression
pour être efficace doit devenir internationale.

Le congrès international pénitentiaire de Paris (1895)
avait à son ordre du jour la question suivante : « Peut-
on donner dans un pays un certain effet aux sentences
pénales rendues à l'étranger ».

M. Le Poittevin, professeur à la Faculté de Droit de
Paris, a présenté sur cette question le rapport général dont nous extrayons les passages suivants : « Le
principe de la récidive, dit-il, est presque partout
altéré, on dirait volontiers faussé par le principe habi-
tuel en matière de sentences étrangères. Comme elles
sont sans caractère officiel, elles ne compteront pas et
le délinquant d'habitude, qui serait sur tel territoire un
repris de justice, ne sera plus un récidiviste si les
hasards d'une vie d'aventures l'ont poussé, lors de son
nouveau crime, hors de la zone d'influence de ses précédentes condamnations. La loi traite inégalement,

donc injustement, deux individus qui seraient dans des conditions identiques, s'il n'y avait une différence dans la nationalité de leur casier judiciaire.

Au cas de condamnation à l'étranger, l'aggravation et les sanctions quelconques à raison de la récidive devraient être les mêmes que si la condamnation antérieure avait été prononcée par une juridiction du pays : telle serait la notion que demande une justice exacte, la seule aussi qui n'affaiblirait point sans cause le pouvoir répressif : ou bien les lois se préoccupent vainement des récidives ou bien il faut qu'elles n'ignorent plus les récidives internationales. Nous estimons que cette règle devrait disparaître. Au point de vue rationnel, on peut se demander pourquoi un individu serait moins coupable ou moins dangereux parce qu'il a d'abord été condamné à l'étranger au lieu de l'être dans notre pays? Cesse-t-on d'être professionnel du crime parce qu'on respecte aussi mal les lois de tel peuple que celles de tel autre! Ce fait que l'agent promène un peu partout ses méfaits ne témoigne-t-il pas au contraire d'une perversité plus redoutable et de sentiments anti-sociaux profondément enracinés ? Est-il admissible qu'on se débarrasse de la qualité de récidiviste en franchissant une frontière? On conçoit que le législateur de 1810 n'ait pas songé à prévoir une hypothèse rare à cette époque mais qui a cessé de l'être aujourd'hui. Les rapports de plus en plus nombreux entre les Etats, la facilité et la multiplicité de leurs moyens de communication ont fait apparaître une criminalité internationale contre laquelle il faut sévir et l'intérêt de tous commande que les peuples s'unissent dans cette œuvre de salubrité. « Il serait absurde, dit Fernex de Montgex, de ne pas se mettre en garde contre un scélérat sous prétexte qu'il n'a pas fait ses preuves en France ».

Les quelques orateurs qui ont pris la parole après le rapport général présenté par M. Le Poittevin, ne l'ont fait que pour rappeler combien les nations modernes étaient intéressées à se tenir étroitement unies pour assurer partout l'œuvre de la justice pénale ; car aujourd'hui les malfaiteurs ne connaissent ni frontières ni distances et s'organisent en bandes internationales. « L'association du crime, s'est écrié M. Pierantoni (Italie), appelle l'association du droit ». Sur l'hypothèse de la récidive, il a semblé absolument légitime de donner à la condamnation antérieure la même vertu, pour l'aggravation de la peine, que si elle émanait de l'un des tribunaux du territoire ; car cette condamnation est un élément positif et incontestable qu'il n'est pas permis de passer sous silence pour apprécier la personnalité du criminel.

Mais en présence de la diversité des codes étrangers sur les conditions de la récidive et l'impossibilité matérielle de les concilier, on s'est borné à voter la résolution suivante : « Le juge peut tenir compte dans la fixation de la peine des condamnations prononcées à l'étranger lorsqu'une nouvelle infraction vient à être commise sur le territoire national » (1).

Section IV

Condamnation pour une infraction de droit commun.

La condamnation précédente, premier terme de la récidive, doit avoir été encourue pour une infraction de droit commun, quelle que soit la juridiction qui ait statué, civile ou répressive, ordinaire ou d'exception.

Sous l'empire du code pénal de 1810, il était de principe que les condamnations émanées des tribunaux militaires, comme de toute autre juridiction spéciale pouvaient devenir le premier terme de la récidive. Certains auteurs voulaient qu'elles le devinssent, quelle que fût la nature du fait qu'elles réprimaient; d'autres, au contraire, soutenaient qu'elles ne pouvaient avoir cet effet que dans le cas où elles avaient statué sur des faits de droit commun. La lutte avait été assez vive.

La Chambre criminelle de la cour de cassation avait d'abord adopté la première opinion par plusieurs arrêts en date des 3 janvier 1824. 28 février 1824, 25 novembre 1825, 19 mars 1829, 20 août 1829. La seconde opinion, au contraire, avait été consacrée par l'autorité

1. Amendement de MM. Tellier et Mettetal.

des chambres réunies le 9 novembre 1829 (1) à laquelle s'était rendue la chambre criminelle (2 février 1832).

On pensa qu'il était sage de prévenir le renouvellement de ces dissentiments et en même temp on considéra que la raison et l'humanité conseillaient de n'admettre comme premier élément de la récidive que les condamnations prononcées par les tribunaux militaires à raison de faits de droit commun.

C'est pourquoi le législateur de 1832 ajouta à l'article 56 du Code Pénal la disposition qui le termine. « Toutefois l'individu condamné par un tribunal militaire ou maritime, ne sera en cas de crime ou de délit postérieur, passible des peines de la récidive qu'autant que la première condamnation aurait été prononcée pour des crimes ou délits punissables d'après les lois pénales ordinaires ».

« Cette disposition, dit Blanche (2), n'exprime pas très nettement ce qu'elle veut dire. On pourrait croire qu'il suffit que la condamnation ait été prononcée pour des faits punissables d'après les lois pénales ordinaires pour qu'elle serve de premier terme à la récidive. Il faut certainement y mettre une autre condition. Il faut que la condamnation ait été prononcée pour un crime punissable d'après les lois pénales ordinaires de peines afflictives ou infamantes. Autrement il arriverait que la con-

1. *Sirey*, collection nouvelle. 9. 1. 378.
2. Blanche. *Eléments de droit pénal*. t. I.

damnation d'un fait qui n'est puni par la loi ordinaire que de peines correctionnelles mais qui serait puni par la loi militaire d'une peine afflictive ou infamante, devien- drait le premier terme de la récidive ; dont le deu- xième serait un crime : ce qui serait contraire à l'es- prit qui a présidé à la rédaction de l'article 56 ».

Pour déterminer dans quels cas la condamnation a été prononcée pour crime ou délit de droit commun ; il faut tenir compte des situations suivantes, les seules possibles :

Toutes les fois que compétents seulement à raison de la qualité de la personne, les tribunaux militaires ou maritimes ont exclusivement appliqué les articles du C. P. la condamnation est évidemment prononcée pour un crime ou délit de droit commun.

Il en est de même au cas où le crime ou délit prévu à la fois par le code pénal et le code de justice mili- taire est puni de la même peine dans l'un et l'autre codes.

A l'inverse si le prévenu ou l'accusé a été condamné pour un fait exclusivement prévu par la loi militaire, la condamnation ne peut servir de base à la récidive.

Certains faits mixtes, prévus par les Codes pénal et militaire, n'entraînent pas la même peine : il en ré- sulte que ce fait reçoit de la loi militaire une quali_ fication qui le place en dehors des crimes ou délits pu- nissables d'après les lois ordinaires. Dans ce cas, la condamnation n'est pas prononcée pour crime ou délit de droit commun et elle ne donnera pas lieu à récidive.

En cas de concours d'infractions et d'une condamnation, il faudra rechercher le fait le plus grave et y rattacher la condamnation, de telle sorte qu'elle servira ou ne servira pas de base à la récidive suivant que ce crime ou délit aura ou non le caractère d'une infraction militaire.

Il arrivera quelquefois que des faits rentrant en principe dans la compétence des Tribunaux militaires ou maritimes seront exceptionnellement déférés aux tribunaux ordinaires, par exemple, si des individus étrangers à la marine ou à l'armée se sont rendus auteurs, co-auteurs ou complices de délits militaires ou maritimes. La condamnation, prononcée en pareil cas par un tribunal ordinaire, ne devient un élément de récidive que dans les conditions prescrites par l'article 56 Code Pénal, le changement de compétence ne pouvan modifier la nature du délit. Les Codes de justice militaire et maritime des 9 janvier 1857 et 4 juin 1858, gardant le silence sur la récidive, ont entendu par cela même, maintenir la disposition de l'art. 56 du Code pénal.

En dehors de l'exception prévue par l'article 56 *in fine* du Code pénal, la loi ne fait pas de distinction suivant la nature des condamnations prononcées et des infractions commises.

Son système embrasse les délits prévus par le Code

comme les délits prévus par des lois spéciales, les délits
politiques comme les délits non politiques ; lorsque les
lois spéciales n'en ont pas autrement ordonné ou n'ont
pas implicitement dérogé aux prescriptions de droit
commun par des dispositions contenant une réglemen-
tation nouvelle de la réc'dive.

Il en est ainsi même depuis la loi du 26 mars 1891
qui n'a pas touché à l'article 56 et n'a apporté à cet
égard aucune modification aux articles 56 et 58.

Mais à quoi reconnaît-on que les lois particulières
ont dérogé au droit commun? Il n'est guère facile de
le déterminer. Toutefois un arrêt de cassation contient
à cet égard des considérations fort justes. « La dérogation, déclare-t-il, peut être expresse ou implicite :
elle peut, en conséquence, résulter soit d'un texte pré-
cis, soit de l'ensemble des dispositions de la loi nouvelle, d'où peut ressortir la consta'ation de la volonté
du législateur de disposer à nouveau et sans référence
avec la loi générale préexistante (1). »

C'est ainsi qu'en matière de chasse, il n'y a de récidive punissable que de délit de chasse à délit de chasse.
Cela résulte de l'article 15 de la loi du 3 mai 1844 ainsi
conçu : « Il y a récidive lorsque, dans les douze mois
qui ont précédé l'infraction, le délinquant a été condamné en vertu de la présente loi ». Ce principe était
déjà consacré par la jurisprudence antérieure à la loi

---

1. Cass. crim., 21 avril 1855. D. 55. 1. 222.

de 1844, bien qu'il ne fut pas appliqué d'une façon absolument identique. La récidive n'existe, sans doute, qu'autant qu'il s'agit de deux délits de chasse successifs, mais il n'y a pas à se préoccuper de la catégorie dans laquelle ils rentrent; les éléments et la pénalité de la récidive sont exclusivement réglés par la loi spéciale du 3 mai 1844. La circonstance, que le prévenu d'un délit de chasse aurait été précédemment condamné à raison d'un délit de droit commun, ne peut donner lieu contre lui à l'application des peines de la récidive (1). Par application de ces principes, il y a récidive si, par exemple, un individu a d'abord été condamné pour délit de chasse sans permis, puis dans les douze mois suivants pour emploi d'engins prohibés, etc... A ce point de vue, les délits de chasse sont devenus en quelque sorte indivisibles.

Quant à la loi du 28 janvier 1873 sur la répression de l'ivresse, il y a controverse. La doctrine exige pour qu'il y ait lieu à récidive que les contraventions, celle qui a motivé la poursuite et celle qui a déterminé le premier jugement, soient toutes deux de même nature c'est-à-dire prévues par la loi de 1873 (2). La jurisprudence est en contradiction avec la doctrine. Il lui suffit que l'une des deux contraventions, que ce soit la première ou la seconde, soit prévue par la loi de 1873

1. Cass. 21 avril 1855. S. 55. 1. 623. D. 55-1-222.
2. Garraud. *Droit crim.* 3ᵉ édit. nᵒ 340. p. 372.

pour qu'il y ait récidive dans les termes de cette loi (2).

La loi sur la presse du 29 juillet 1881 déclare en son article 63 que l'aggravation des peines résultant de la récidive, n'est pas applicable aux infractions qu'elle prévoit : toutefois il est fait exception à l'égard de certaines contraventions (art. 2 § 20-15-21 § 3ᵉ) et des discours injurieux, outrageants ou diffamations prononcés par les avocats ou officiers ministériels (art. 41 § 4°).

SECTION V

Nature de cette condamnation.

Une condamnation quelconque réunissant les caractères déjà étudiés suffit-elle pour constituer l'état de récidive ou n'y a-t-il pas lieu d'exiger qu'elle soit de l'emprisonnement ou d'une peine plus forte ? Telle est la question qu'il nous faut maintenant examiner.

Le premier terme du cas de récidive était, suivant la rédaction du Code pénal de 1810, une condamnation pour crime ; il est, suivant celle de la loi du 28 avril 1832, une condamnation à une peine afflictive ou infamante ; le changement de rédaction fut une améliora-

2. Cas. 3 juin 1875. D. 76. 1. 334.

tion notable. L'ancien texte avait quelque chose de vague et d'indéterminé qui avait créé bien des indécisions et des difficultés. Comme il y avait des crimes qui n'étaient punis que de peines correctionnelles (Code pénal, art. 67. Loi du 25 juin 1824) on s'était demandé si ces crimes pouvaient, comme ceux qui avaient été punis d'une peine afflictive ou infamante, devenir le premier terme du cas de récidive. La Cour de cassation appliquait le principe dans toute sa dureté et décidait que l'accusé qui avait été condamné à raison d'un fait qualifié crime par la loi était passible de l'aggravation pénale, encore bien qu'à raison de son âge ou de toute autre circonstance, la peine appliquée fut purement correctionnelle.

Le législateur de 1832 substitua dans l'article 56 Code pénal aux expressions : « Quiconque ayant été condamné pour crime » que portait le texte de 1810 celles-ci : « Quiconque ayant été condamné à une peine afflictive ou infamante » que porte le texte actuel. Mais comme le même changement de rédaction n'avait pas été fait dans l'article 57, et comme d'ailleurs, la différence entre les crimes punis de peines criminelles et ceux punis de peines correctionnelles pouvait faire surgir de nombreuses hypothèses sur lesquelles le texte du Code était muet, la controverse subsistait toujours dans la doctrine.

Ce sont ces équivoques que la loi du 13 mai 1863 a eu pour but de faire disparaître en consacrant par les modifications introduites dans le texte, même des articles 57 et 58, la règle que ce n'est pas à la qualification des faits, mais à la peine réellement prononcée (quant au fait antérieur) ou légalement méritée (quant au fait nouveau) qu'il faut s'attacher, pour régler les effets de la récidive. C'est ce qui résulte des articles 57 et 58 Code pénal modifiés : « Quiconque ayant été condamné... à une peine supérieure à une année d'emprisonnement. »

L'ancien article 58 Code pénal visait la récidive de délit à délit. Cette récidive, qui permettant de prononcer le double du maximum de la peine, présentait un double caractère. D'une part, elle n'existait qu'autant que le premier délit avait entraîné une condamnation supérieure à une année d'emprisonnement. Toute autre peine était insuffisante. Mais, d'autre part, cette condition remplie, la récidive était indépendante de la nature du second délit et du temps qui s'était écoulé depuis la condamnation antérieure. Il n'était tenu aucun compte des courtes condamnations, et l'individu eût-il été cent fois condamné à une peine inférieure à une année d'emprisonnement, aucune obligation n'était imposée au juge d'aggraver la peine.

Pourquoi une telle distinction ? On ne peut se l'expliquer que par les habitudes judiciaires à l'époque de la rédaction du Code pénal ; les délits correctionnels trouvaient dans la magistrature des traditions de sévérité extrême. Depuis lors, sous l'influence de l'adoucissement des mœurs, la répression s'est singulièrement affaiblie, la situation s'est en quelque sorte retournée, insensiblement les petites peines se sont substituées aux peines anciennes. La condamnation à un an d'emprisonnement n'est guère plus prononcée, elle est devenue l'exception ; elle ne représente plus que la proportion de 3 0/0 sur l'ensemble des condamnations correctionnelles.

La faute du législateur était d'autant plus regrettable que la réitération des petits délits, d'ordinaire frappés de courtes peines, caractérise bien la vraie récidive : c'est en effet cette réitération qui marque chez le condamné l'habitude criminelle et le fait passer, si elle se multiplie, dans la catégorie des malfaiteurs d'habitude.

Cette disposition fut vivement critiquée au Sénat par M. Bérenger dans son rapport du 6 mars 1890. « Rien dans nos lois, disait-il, n'oblige le magistrat à aggraver la peine du récidiviste correctionnel, s'il n'a pas déjà subi une condamnation à plus d'une année d'emprisonnement. Eût-il été dix fois, vingt fois condamné ; la peine est la même que s'il comparaissait pour la première fois devant la justice ».

Déjà, la loi de 1885 avait fait de la réitération des petits délits un élément essentiel de la récidive qu'elle prévoit et punit de la relégation.

La loi de 1891 (art. 58 nouveau du C. P) a mis un terme à ce dangereux état de choses. Elle a consacré une définition plus large de la récidive en la faisant

reposer sur l'existence même de la condamnation précédente et en tenant compte de l'intervalle écoulé entre
les deux délits et de la nature de la seconde infraction.

D'après cette loi, la récidive est constituée quel que
soit le chiffre de la première condamnation à l'emprisonnement.

Ainsi se trouve supprimée « cette sorte de champ
réservé où le malfaiteur pouvait se donner libre car-
rière sans s'exposer à l'aggravation légale de la récidive ». L'innovation est d'autant plus considérable que
ce champ représentait plus des neuf dixièmes de la
criminalité.

Désormais, conformément aux dispositions de l'art.
58 C. P. modifié, l'aggravation due à la récidive doit
se produire aussi bien à l'égard des individus condamnés une première fois à moins d'une année d'emprisonnement qu'à l'égard de ceux condamnés à une peine
supérieure : peu importe au point de vue de l'existence de l'état de récidive la durée de la première condamnation infligée. La loi du 26 mars 1891 a ainsi créé
un nouvel état de récidive s'appliquant aux délits frappés d'une peine inférieure à une année d'emprisonnement si bien qu'on a appelé du nom de « petite récidive » ce nouvel état de choses.

Section VI

Preuve de la condamnation.

Pour que les peines de la récidive puissent être appliquées au délinquant, il est nécessaire que l'existence de la condamnation antérieure au second fait soit établie par le ministère public pendant les débats qui précèdent la seconde condamnation. Si elle reste ignorée durant l'instance, le bénéfice de cette omission est acquis au condamné et le Tribunal ne pourrait, sous peine d'excès de pouvoir, ajouter par jugement nouveau la peine de la récidive à la condamnation déjà prononcée. Cette règle résulte de plusieurs arrêts antérieurs au Code (18 floréal an VII, 18 fructidor an XIII) et la plupart des auteurs croient qu'elle doit encore être suivie. En effet la récidive est une circonstance concomitante du second crime et il y a chose jugée sur toutes les circonstances qui se rattachent à ce fait dès que la condamnation est intervenue. Si, cependant le fait de la récidive n'était connu quependant l'instance d'appel, nul doute que l'aggravation pénale pourrait être appliquée puisqu'il n'y a point encore de jugement acquis; à la condition toutefois que l'appel fût interjeté par le Ministère public.

La preuve de toute condamnation doit résulter en principe de l'extrait officiel du jugement ou de l'arrêt qui l'a prononcée. Elle se fait également et surtout au moyen des bulletins du casier judiciaire établi dans les greffes de chaque Tribunal d'arrondissement et des colonies, conformément à la circulaire ministérielle du 6 novembre 1850. Toutefois, l'inscription d'une condamnation sur les bulletins du casier judiciaire ne peut suppléer à la production de ces jugements ou arrêts, bien que cela ait lieu dans la pratique. Mais ainsi qu'il résulte de certains arrêts (1), l'extrait d'une condamnation inscrite au casier judiciaire ne fait preuve qu'à défaut de contestation de la part du prévenu. Il en est différemment si le prévenu conteste soit l'existence de la condamnation, soit son caractère définitif. Dans le premier cas, il faut recourir à l'extrait officiel du jugement ou de l'arrêt, dans le second cas puiser la preuve de la signification dans l'original même de l'exploit, soit si l'original n'a pu être représenté, relever des circonstances précises de nature à établir avec une entière certitude l'existence et la régularité de cette signification.

De la jurisprudence de la Cour de cassation, il résulte qu'on ne doit pas considérer comme preuve suffisante de la première condamnation l'aveu de l'accusé lorsque cet aveu est isolé de tout autre élément de preuve (2).

1. Arrêts du 4 février 1860. D. 61. 1. 93. — Arrêts du 6 mars 1874. D. 74. 1. 277. — Arrêts du 10 avril 1880. D. 80. 1. 43.5
2. Cas. 7 juil. 1876, D. 78, 1, 94.

Il peut arriver que le prévenu élève une question d'identité en prétendant que la condamnation antérieure s'appliquait à un autre. Il est alors procédé à la reconnaissance de son identité après audition des témoins cités tant par le Ministère public que par le prévenu conformément à l'article 519 du Code d'Instruction criminelle. En outre, la méthode de l'identification par les signalements anthropométriques due au Dr A. Bertillon est appelée, en raison de la certitude de ses données, à rendre à la justice des services considérables. Cette méthode, d'une application d'ailleurs facile, entre de plus en plus dans la pratique du service pénitentiaire.

Nous terminerons cette section et cette première partie en nous demandant à qui du jury ou de la Cour d'assises appartient l'appréciation de la récidive ? En matière criminelle, il est hors de doute que c'est la Cour et non le jury qui a qualité pour reconnaître l'existence de la condamnation formant le premier terme de la récidive. En effet, la compétence du jury ne s'étend pas aux faits qui n'ont pas par eux-mêmes le caractère de crimes ou de délits et qui ne formant pas une circonstance aggravante du fait de l'accusation, ne doivent être considérés et appréciés que comme éléments accidentels de la délibération sur l'application de la loi pénale. Or, la récidive ne présente jamais ce caractère, ce n'est qu'un fait moral dont la loi déduit la preuve d'une perversité plus grande et c'est par conséquent sous l'appréciation seule de la Cour qu'elle doit tomber.

En matière correctionnelle, le fait de la première condamnation est reconnu et déclaré par le juge qui fait l'application des peines de la récidive.

Il ne suffit pas que la preuve de la condamnation antérieure à raison de laquelle existe l'état de récidive ait été faite devant le juge, saisi de la nouvelle infraction ; il faut en outre que l'existence et la nature de cette condamnation soient constatées et précisées dans la décision contenant la condamnation nouvelle. Mais l'état de récidive d'un inculpé est suffisamment motivé et justifié quand le visa de l'art. 58, Ç. P. et la référence au bulletin du casier judiciaire ont été mentionnés dans le jugement et adoptés par l'arrêt.

CHAPITRE III

Nouvelle infraction.

Division. — Le second terme de la récidive consiste dans une infraction postérieure à la condamnation dont nous avons étudié les principaux caractères.

Bien que le législateur ait distingué trois sortes d'infractions : les crimes, les délits et les contraventions ; cette division utile pour fixer la compétence disparaît en matière de récidive. On ne trouve plus que deux groupes : le premier comprend les crimes et délits faits de même nature qui ne diffèrent entre eux que par leur gravité ; le second comprend les contraventions. Au point de vue de la récidive, il ne doit rien y avoir de commun entre ces deux sortes d'infractions, elle se divise donc en deux grandes classes : 1° récidive de crime à délit et de délit à crime avec des précisions

et des limites que nous ferons connaître ; 2° récidive
de contravention à contravention. Il n'y a pas de récidive de contravention à crime ou délit ni de crime ou
délit à contravention. Les crimes et délits d'une part,
et d'autre part, les contraventions se combinent exclusivement entre eux.

Toute nouvelle infraction peut devenir le second
terme de la récidive : sans qu'il y ait lieu de distin-
guer suivant qu'elle est réprimée par le Code pénal ou
par une loi spéciale. C'est, ainsi que nous l'avons déjà
vu dans notre première partie, un principe admis et
respecté par la jurisprudence que les dispositions des
articles 56 et suivants du Code pénal en matière de récidive sont générales et absolues et s'étendent aux
crimes et aux délits déterminés par des lois particulières. Il ne peut être dérogé à cette règle que dans
les cas où la loi spéciale n'a pas établi soit formelle-
ment soit au moins virtuellement des conditions particulières pour la récidive des crimes ou délits qu'elle
prévoit.

Pour que cette deuxième infraction puisse devenir le
terme nécessaire de la récidive, elle doit remplir certaines conditions qui feront l'objet d'autant de sections.
Elle doit d'abord être indépendante de la première.
Dans une deuxième section nous nous demanderons
quelle doit être sa nature. Enfin dans une section troisième nous verrons certaines conditions de temps, une

quatrième sera consacrée au lieu où a été commise l'infraction.

Infraction indépendante de la première.

Dans tous les cas, pour donner lieu à l'application des règles de la récidive ; il faut que le second fait punissable soit indépendant de la première condamnation et ne s'y rattache par aucun lien direct. S'il en était autrement, comment dire que le coupable est incorrigible et ne tient aucun compte de l'avertissement qu'il a reçu.

Ainsi la rupture de ban d'un condamné à la surveillance de la haute police et l'évasion par bris de prison n'entraînent pas les peines de la récidive en se combinant avec la condamnation qui a placé le prévenu sous le coup de ces états : car ces faits sont moins des délits nouveaux que l'inexécution même des peines prononcées pour la première condamnation.

Pour la rupture de ban, la jurisprudence était constante sous le régime de surveillance de la haute police : elle a été appliquée à l'interdiction de séjour qui a remplacé la première peine (1).

1. Cas. 19 décembre 1891. *Le droit*, 6 janvier 1892.

« La récidive, dit un arrêt de la Cour de Cassation, ne peut exister légalement que lorsque le coupable a commis un nouveau crime ou délit : de ce principe il résulte qu'il faut que le second crime ou délit soit complètement indépendant de la première peine prononcée et ne s'y rattache par aucun lien. En effet, la récidive ne saurait résulter du refus de se soumettre à l'exécution de la peine prononcée : ce refus ne constitue pas un délit nouveau par rapport à la condamnation dont il n'est pour ainsi dire que la suite et qui n'en est en quelque sorte que l'élément générateur ».

Toutefois si un condamné pour une rupture de ban commettait une seconde fois le même délit, il serait en état de récidive.

De même certaines lois ont établi pour la récidive des crimes, délits et contraventions qu'elles répriment des règles spéciales : de telle sorte qu'il n'y a pas récidive des infractions ordinaires aux infractions prévues par ces lois ou des infractions prévues par ces lois aux infractions ordinaires. Ainsi, comme nous l'avons déjà vu, aux termes de l'article 15 de la loi du 3 mars 1844 sur la chasse, la récidive n'existe que si dans les douze mois qui ont précédé l'infraction, le délinquant a été condamné en vertu de la loi précitée :

L'article 45 de la loi du 5 juillet 1844 sur les brevets d'invention prononce une peine d'emprisonnement en cas de récidive et il en indique les conditions en disant qu'elle n'existe que lorsqu'il a été rendu contre le prévenu dans les cinq années antérieures une première condamnation pour les délits prévus par ladite loi.

Voilà deux cas où le législateur a créé une récidive particulière excluant la récidive sans référence avec les articles 56, 57 et 58 du C. P. réglant les principes généraux de cette matière.

SECTION II

Nature de cette infraction.

Bien que, au point de vue de la compétence, le législateur ait divisé les infractions en trois groupes : crimes, délits et contraventions : il n'existe en réalité, au point de vue de la récidive, ainsi que nous l'avons déjà dit, que deux classes d'infractions : les crimes et délits d'une part, les contraventions de l'aütre.

Nous examinerons donc successivement la récidive des crimes et délits et la récidive des contraventions; en suivant en cette matière la distinction établie par le Code.

§ 1. — *Récidive des crimes et délits.*

Quelle doit être la nature de l'infraction survenant après une première condamnation ? Doit-elle présenter une certaine identité avec le premier fait qui a déjà fait l'objet des poursuites ou bien ne doit-on tenir aucun compte des différences existant entre l'ancien délit et le nouveau ? En d'autres termes, la récidive doit-elle être spéciale ou générale ?

C'est, en législation pénale, une des questions les plus controversées et les plus diversement résolues. Pour certains auteurs, la criminelle habitude chez le délinquant est suffisamment démontrée par la perpétration d'infractions successives même d'ordres divers ; elle ne dépend pas d'une analogie plus ou moins complète entre les divers délits mais de la ténacité, de la persistance mise par le délinquant à enfreindre la la loi pénale. M. Leveillé, professeur à la faculté de droit de Paris, estime ainsi « que l'homme qui, après un délit d'une certaine nature, commet un délit d'une nature différente est plus vicieux et plus dangereux pour l'ordre social que l'homme qui ne commet toujours que la même infraction » (1).

D'autres, au contraire, pensent que la présomption de perversité n'est vraiment sérieuse que s'il y a iden-

1. Journal *le Temps* du 26 mai 1890.

tité ou tout au moins analogie entre les diverses infractions. Dans cette opinion, l'habitude criminelle ne saurait
résulter de ce fait qu'un individu condamné pour vol,
par exemple, aurait ensuite commis une infraction poli-
tique ou une infraction de droit commun, telles que les
délits de rebellion, coups et blessures etc. Pour les par-
tisans de ce système, il faut que les délits soient de la
même nature et il en est ainsi « quand ils dérivent du
même principe, quand ils prennent leur source dans le
même genre de corruption. »

Sur la supériorité de l'un ou l'autre procédé, les
criminalistes disputent depuis fort longtemps. Pour Ortolan, le système de la récidive spéciale est « l'enfance
de la pénalité » l'autre, celui de la récidive générale
« arrive à mesure que la science se forme et que la vue
du législateur s'élargit » (1).

L'expérience n'a pas donné raison à Ortolan. Le système de la récidive spéciale a prévalu dans la plupart
des législations étrangères au moins pour les infractions
peu graves. Les législateurs actuels ont en ce sens
spécifié leurs dispositions parce qu'ils ont réfléchi que
l'augmentation de la peine de la récidive étant justifiée par
l'inefficacité d'une peine antérieure, il n'y aurait aucun
motif pour admettre cette inefficacité lorsqu'on serait en
présence d'un autre crime. Cette doctrine semble peu
admissible ; en effet ce qu'on veut en punissant la réci-

1. Ortolan. *Droit pénal.* t. 1. p. 579.

dive ce n'est pas seulement s'opposer à ce qu'un certain crime se reproduise : l'intérêt social qui la rend punissable veut surtout qu'on détruise la source du mal **existant** dans le criminel ; quelle que soit l'espèce du **crime par laquelle** cette source se manifeste et pour cela on présume insuffisante la peine infligée.

En droit romain, pour qu'il y eût récidive, il fallait dit Ortolan, une rechute dans le même crime ou délit « *in iisdem sceleribus* » (1).

Les anciens criminalistes français acceptèrent la théorie romaine et ne se préoccupèrent également que de l'identité d'infractions « *Consuetudinis delinquendi præsumptio tantum in eodem vel simili genere mali* » (2).

La législation de la Constituante établit une distinction : s'agissait-il de délits de police municipale ou correctionnelle, le Code de 1791 se contentait de prévoir la récidive spéciale, il aggravait la peine pour la rechute dans le même délit ou dans un délit du même genre.

S'agissait-il de délits punis de peines afflictives et infamantes, le code adoptait le système de la récidive générale.

Le code de 1810 s'est attaché uniquement au système de la récidive générale. Les rédacteurs ont pensé que les peines de la récidive devaient s'appliquer alors

1. Ortolan. t. I. nᵒˢ 1205 § 1206, p. 573.

2. Jousse tome 11 p. 601. Mayart de Vouglans, p. 32 § 2, nᵒˢ 1 § 3.

même qu'il n'y aurait pas identité d'infractions parce qu'il résulte de cette rechute un péril social plus grand et chez l'agent une perversité plus redoutable. En effet, l'article 56 Code pénal spécialement relatif à la récidive était ainsi conçu : « Quiconque ayant été condamné pour crime aura commis un second crime emportant la dégradation civique sera condamné... » Cet article a été modifié par la loi réformatrice du 28 avril 1832 ; il dispose aujourd'hui dans les termes suivants : « Quiconque ayant été condamné à une peine afflictive et infamante aura commis un second crime emportant comme peine principale... »

Depuis cette loi, certaines difficultés élevées sous l'empire du Code Pénal ne sauraient se reproduire : quel qu'ait été le caractère de la première incrimination, ce n'est qu'autant qu'elle a entraîné des peines criminelles qu'il peut y avoir lieu à l'application des peines de la récidive.

Le principe du Code Pénal était donc de n'admettre que la récidive générale. Cependant, la récidive spéciale avait été consacrée dans un certain nombre de lois particulières relativement aux infractions prévues par les dites lois. La plus importante est assurément celle du 27 mai 1885 qui dans son article 4 n⁰ˢ 2, 3 et 4 subordonne l'existence de la récidive entraînant relégation à la réitération d'infractions limitativement désignées et qui pour quelques-unes du moins offrent une certaine analogie.

Tel était l'état de la législation française lorsqu'est intervenue la loi du 26 mars 1891. Cette loi a modifié les articles 57 et 58 du Code pénal de deux façons : d'abord elle a introduit la petite récidive légale en décidant que la peine sera aggravée même si le chiffre de la première condamnation est inférieur à une année d'emprisonnement. La lacune du Code est ainsi comblée et la nécessité de cette réforme se faisait d'autant plus sentir que la loi du 27 mai 1885 tient compte des petites condamnations pour la récidive spéciale qu'elle punit de la relégation. Il y avait donc là une anomalie qu'il importait de supprimer.

En outre, elle a fait une très large part à la spécia_lité en exigeant que la rechute du condamné consistât dans la même infraction s'il s'agissait de la récidive d'une peine correctionnelle à une peine correctionnelle.

L'innovation apportée à l'article 58 consiste donc à exiger pour les délits l'identité d'infractions. De générale, la récidive, à cet égard, est devenue spéciale. « Il n'y a, en matière de délits, disait au Sénat M. Bérenger, de récidive redoutable et utile à frapper que dans la réitération d'un fait identique. C'est dans ce cas seulement qu'on peut dire qu'il y a, d'une part, augmentation d'immoralité, et de l'autre, mépris de l'avertissement reçu ».

« Votre commission, disait également M. Barthou à la Chambre des Députés, a pensé que les thèses de la récidive spéciale et de la récidive générale n'étaient pas inconciliables. En effet, si entre les crimes et délits de quelque importance, il existe comme un lien de filiation, s'ils peuvent apparaître comme les manifestations successives d'un même état de perversité ; au contraire ; quand il s'agit de délits de moindre importance, il n'est pas possible d'établir et de retenir entre eux un lien quelconque de solidarité. Et voici l'appréciation pratique que votre commission a faite de cette 'dée : S'agit-il d'un premier délit ayant entraîné une condamnation à plus d'une année d'emprisonnement, la récidive sera encourue quelle que soit la nature de l'infration commise, même s'il n'y a pas un rapport d'analogie ou de ressemblance avec la première infraction. Si au contraire, la première poursuite a motivé une peine inférieure à une année d'emprisonnement, la récidive ne sera encourue qu'autant que le délit commis sera le même.

Tandis que la règle de l'identité d'infraction se justifie aisément en ce qui concerne les délits condamnés à un an ou moins d'un an de prison, c'est-à-dire au point de vue du nouvel état de récidive introduit dans l'article 58 Code pénal, il est moins raisonnable de l'appliquer à la récidive, déjà consacrée par le Code c'est-à-dire lorsque la première peine est supérieure à une année d'emprisonnement. Le délit puni de cette peine sévère est déjà en lui-même un état assez grave de criminalité.

Cette criminalité s'accentue par l'accomplissement d'une infraction nouvelle quelle qu'en soit la nature. D'ailleurs cette règle est suivie depuis la rédaction du Code pénal ; il n'existe aucun motif pour lui en substituer une nouvelle ».

Toutefois la loi du 26 mars 1891 n'a pas entièrement substitué le principe de la spécialité au principe de la généralité du Code pénal. L'article 56 étant maintenu et le nouvel article 57 ne contenant aucune disposition en ce sens, les récidives de crime après crime, de délit après crime et de crime après délit, demeurent générales, pourvu que la peine soit supérieure à une année d'emprisonnement. On a justement considéré que lorsqu'un crime succède à un délit ou un délit à un crime, ces actes malgré la diversité de leurs natures présentent « une identité indéniable dans l'état de perversité générale dont chacun dérive et dont ils ne sont qu'une même manifestation ».

Mais il est des délits qui, bien que qualifiés différemment par la loi, ont entre eux des analogies si évidentes, qu'il convient de les rattacher les uns aux autres au point de vue de la récidive. C'est pourquoi les délits de vol, escroquerie et abus de confiance d'une part et ceux de mendicité et de vagabondage de l'autre sont assimilés par une disposition spéciale du nouvel article 58 ainsi conçu : « Les délits de vol, escroquerie et abus de confiance seront considérés comme étant au point de vue de la récidive un même délit. Il en sera de même des délits de vagabondage et de mendicité ».

Sur cette assimilation, MM. de Sal et Hervé de Saisy protestèrent au Sénat en faisant ressortir les différences existant entre ces délits au point de vue de la peine et de la culpabilité et même du mode de preuve à l'égard de l'abus de confiance. M. Bérenger répondit à ces deux orateurs en insistant sur la nécessité, du moment où on spécialisait la récidive, de maintenir l'assimilation des délits indiqués. Il rappela que déjà, dans certaines lois, la loi militaire et la loi électorale, le vol, l'escroquerie et l'abus de confiance étaient mis sur le même pied et il indiqua les liens étroits qui unissent le vagabondage et la mendicité.

La Chambre des députés avait d'abord refusé d'admettre cette assimilation qui lui paraissait inutile et injuste : « Quelle raison, disait M. Barthou, dans son rapport, d'appliquer, en ce qui concerne la récidive, la même règle à l'abus de confiance puni de deux ans de prison au maximum et du vol qui peut entraîner une condamnation de 3 à 5 ans? Et ne peut-il pas, dans certaines circonstances, y avoir une certaine injustice à confondre, dans l'extension d'une répression rigoureuse, la mendicité et le vagabondage » ?

Mais sur les observations de M. Bérenger (Sénat, séance du 19 mars 1891) ces dispositons furent rétablies.

Il est certain que l'énumération des délits assimilés est limitative et qu'aucune extension ne peut être faite.

Cependant, il résulte des déclarations faites par M. Barthou à la Chambre des Députés, qu'il faut comprendre dans la première classe ; vol, escroquerie et abus de confiance, les délits prévus par les articles 406 et 407 du C. P. (abus des besoins, faiblesses ou passions d'un mineur pour lui faire souscrire à son préjudice des obligations... abus de blanc seing). La cour de Douai a fait une application de cette règle par arrêt du 16 avril 1891 (1).

§ II. — *Récidive des contraventions.*

En matière de contraventions, les caractères de la récidive sont déterminés par l'art 483 al. 1 du Code pénal qui dispose en ces termes : « Il y a récidive dans tous les cas prévus par le présent livre, lorsqu'il a été rendu dans les douze mois précédents un jugement pour contravention de police commise dans le ressort du même tribunal. »

La deuxième contravention à l'occasion de laquelle s'élève la question de récidive doit rentrer dans les cas prévus par le livre 4 du Code Pénal, c'est-à-dire se rattacher de même que la première aux prescriptions de la police générale. Si donc ce nouveau fait, quoique constituant toujours une contravention, était qualifié et

1. *Le Droit*, 7 mai 1891.

puni par une autre loi, il manquerait à la récidive sa première condition. Faut-il, en outre, que la seconde infraction soit de celles expressément mentionnées dans le livre IV aux articles 471-475 et 479 ou bien suffit-il qu'elle consiste dans la violation d'un règlement administratif légalement fait ? Cela importe peu car l'article 471 § 15 met sur le même pied les contraventions prévues expressément par le Code Pénal et celles qui résultent de la violation d'un règlement administratif légalement fait; la législateur a assimilé ces dernières contraventions à celles qu'il mentionne lui-même et par conséquent les unes et les autres sont de nature à mettre l'agent en état de récidive.

En tout cas, quel que soit le système auquel on se rallie, tout le monde est d'accord pour reconnaître qu'il n'est pas nécessaire que les deux contraventions soient les mêmes dans les deux cas ni qu'elles appartiennent à la même classe. Ainsi l'individu, déjà condamné pour bruits et tapage nocturnes, qui enfreint un arrêté municipal sur la police des cabarets, peut également être condamné comme récidiviste (1).

§ III. — *Législation comparée.*

La loi française consacre le principe de la récidive générale et de la récidive spéciale : générale pour les

1. Cas. 29 avril 1839. D. 90-1-143.

crimes, spéciale pour les délits, que la peine soit ou
non supérieure à une année d'emprisonnement. Dans
les diverses législations étrangères, nous trouvons une
plus large part faite à la spécialité.

Italie. — Dans la loi italienne, il y a un progrès de
l'idée de la récidive spéciale. Cependant, le code com-
bine les deux principes : celui de la spécialité parce
qu'il indique une impulsion qui s'affirme et qui a besoin
d'être plus rigoureusement maintenue ; celui de la généralité parce que l'individu n'en est pas moins redoutable.

A la différence de la loi française, la loi italienne
admet la récidive entre toutes sortes d'infractions,
c'est-à-dire sans distinction de crime à crime, de crime
à délit, de délit à délit, de délit à crime et de contravention à contravention.

Il n'est pas nécessaire que la nouvelle infraction soit
de la même nature. Mais à côté de la récidive générale,
le législateur italien prévoit aussi et punit plus grave-
ment dans l'article 80 la récidive spéciale, c'est-à-dire
la rechute dans une infraction *della stessa indole* (de la
même nature) que celle pour laquelle la précédente
condamnation avait été prononcée.

Mais en quoi consiste la récidive spéciale ? Est-ce la
rechute dans la même infraction ou la rechute dans des
infractions semblables ? Le code italien, admettant la
combinaison de deux systèmes considère comme infractions de même nature, non seulement celles qui violent

un même système de loi, mais aussi celles qui sont prévues dans un même chapitre du Code et les infractions dirigées contre la sécurité de l'Etat, la sécurité publique et les violences contre les personnes.

Le code italien ne fait qu'une exception à la règle de la récidive générique (même nature) qui mérite d'être rappelée ici. Les condamnations pour contraventions par rapport à de précédentes condamnations pour délits et réciproquement ne donnent pas lieu à la récidive (art. 83. 10).

Hongrie. — Le Code hongrois n'admet que la récidive spécifique pour quelques infractions con t la propriété c'est-à-dire pour le vol, l'extorsion, la rapine, le recel, l'escroquerie et pour quelques contraventions (art. 338-349-371-381 § 3).

Hollande. — Le Code hollandais exige pour constituer l'état de récidive l'identité des délits. Il n'augmente la peine que pour la récidive spéciale qu'il conçoit du reste d'une manière plus large et pour un plus grand nombre d'infractions que le Code hongrois (art. 421-425). Il distingue trois sortes de délits : délits contre la propriété, délits contre les personnes commis avec violence. Il y a récidive de l'un à l'autre des délits compris dans chacun de ces groupes. Ainsi la récidive spéciale n'est pas seulement constituée par la rechute dans la même infraction mais aussi par la rechute dans une infraction semblable par sa nature ou par son but.

Autriche. — Le Code autrichien de 1852 (27 mai) ne considère que la récidive spéciale mais distinctement pour les crimes, les délits et les contraventions c'est-à-dire que la peine est augmentée si le coupable d'un crime a été condamné précédemment pour le même crime ou le coupable d'un délit pour le même délit, etc.

Suisse. — Le Code de 1855 suit le système de la récidive générale en distinguant seulement la récidive de crime à crime de la récidive de crime à délit et de délit à délit.

Le projet actuellement en préparation se rallie au système de la récidive spéciale c'est-à-dire à celle dont la première infraction et la nouvelle « dérivent d'un même penchant coupable. » En effet, l'article 44 de l'avant-projet est ainsi conçu : Lorsque le délinquant, après avoir subi de nombreuses peines privatives de liberté pour délits contre la vie, l'intégrité corporelle, la propriété ou la sécurité publique ou contre la pudeur ou la liberté sexuelles sera derechef condamné à une peine privative de liberté pour un de ces délits... »

Russie. — Le Code de 1866 considérait comme constituant l'état de récidive toute infraction à la loi commise après un jugement et une condamnation, tout nouveau méfait plus ou moins grave, de même nature ou non, et quel que soit le temps écoulé entre le premier et le second méfait.

Le code du 20 novembre 1884 « sur les peines qui peuvent être appliquées par les juges de paix » n'appelle l'attention que sur la récidive spéciale et ne la considère comme une circonstance aggravante que dans le cas où la seconde infraction a été commise avant l'expiration de l'année où une première condamnation a été prononcée pour un fait de même nature.

Angleterre. — La récidive, qu'elle soit spéciale ou générale, n'est pas expressément reconnue par le droit pénal anglais. Elle peut tout simplement constituer une de ces circonstances aggravantes qui sont laissées à l'appréciation du juge et dont il peut tenir compte dans l'application de la peine.

Mais une commission anglaise, tenue sous la présidence de M. Herbert Gladstone, fils du célèbre homme d'État, et chargée de faire une enquête sur le système pénitentiaire, se rallia à une proposition de l'association Howard, qui préconise les « cumulative sentences. » Afin de réagir contre des indulgences et des faiblesses également dangereuses ; la loi, limitant désormais les pouvoirs du juge, fixerait elle-même la mesure dans laquelle serait aggravée la peine du récidiviste.

La commission a considéré qu'il n'y a aucune injustice à infliger au délinquant d'habitude une peine

aggravée parce que le fait même de la récidive constitue un délit. Mais elle n'a pas cherché à fixer le sens
du mot délinquant d'habitude, elle ne s'est pas deman-
dée s'il fallait ne tenir compte que du nombre des
condamnations antérieures ou aussi du délai dans lequel elles avaient été encourues.

§ IV. — *Travaux de Congrès.*

Au congrès pénitentiaire, ouvert à Paris le 30 juin
1895, on s'est demandé si le malfaiteur ne devait être
tenu pour récidiviste que s'il avait renouvelé la même
infraction : c'est-à-dire si la récidive devait être générale suivant le système du Code pénal de 1810 ou spéciale suivant les tendances germaniques. En d'autres
termes, suffit-il pour constituer la récidive d'un nouveau délit après une condamnation d'une certaine gravité quelle que soit la nature de ce délit ? Est-il nécessaire, au contraire, qu'il existe entre l'infraction qui a
motivé la condamnation antérieure et celle qu'il s'agit
de punir une similitude complète ou tout au moins une
certaine analogie ?

On s'est rapidement accordé pour reconnaître que la
récidive spéciale était la seule qu'il convenait d'appliquer aux contraventions, aux délits spéciaux et à ceux
qui n'étaient pas inspirés par un sentiment méprisable.

La discussion a été très vive sur les délits de droit

commun. Un certain nombre d'orateurs (M. l'inspec-
teur général Regnard, le conseiller Garofalo (Naples)
M. le professeur Garçon) ont soutenu que l'individu,
déjà condamné à une peine grave, devait être considéré comme récidiviste sans qu'on ait besoin de se préoccuper de la nature des infractions commises. En effet,
par ce premier méfait, cet individu s'est déjà révélé
comme un être dangereux pour la société puisque la
peine appliquée avait été grave. En présence d'un second délit, peut-on le considérer comme délinquant
primaire ? il est un révolté contre la loi quelle que soit
la diversité de ces actes. Est-il donc moins criminel
parce qu'il parcourt successivement toute la série des
actes délictueux ?

Un nombre au moins égal d'orateurs se sont prononcés pour la récidive spéciale (MM. Hosberg, Foinditsky
(Russie) Berlet (France) les professeurs Nocito (Rome)
Brusa (Turin) Hrehorowiez (Karan). Suivant eux, la
loi doit être indulgente pour le criminel d'occasion.

Différents membres et notamment des Russes sont
allés plus loin dans cette voie. Pour eux, le concours
d'infractions semblables ne suffit pas pour placer l'individu en état de récidive, car ce concours peut être
le résultat de circonstances accidentelles. Il faut qu'on
retrouve entre les diverses infractions non seulement
une identité matérielle mais surtout une identité psy-
chologique c'est-à-dire qu'elles aient été provoquées
par le même mobile ; car c'est alors seulement qu'on

peut dire que les instincts criminels sont profondément enracinés chez le délinquant et qu'ils se manifestent dès qu'une occasion favorable se présente.

D'après une certaine opinion, on devrait faire une distinction et soumettre au principe de la récidive générale les individus qui ayant renoncé au travail ne vivent plus qu'aux dépens des autres et pour lesquels le crime est devenu comme une profession car alors leurs actions ont réellement le caractère d'être des actions anti-sociales (MM. les professeurs van Hamel (Amsterdam) et Stoos (Berne), M. le conseiller Garofalo).

Section III

Condition de temps.

L'intervalle, qui s'écoule entre la première condamnation et le nouveau délit, ne doit pas rester non plus indifférent en législation pénale. La récidive ne saurait être un état permanent. Car, si d'un côté, l'impression de la première condamnation diminue et s'efface avec le temps; d'un autre côté, il n'est pas exact de dire que l'avertissement de la justice soit resté sans effet puisque pendant une période plus ou moins longue de sa vie, le condamné n'a pas commis de nouvelle infraction : En outre, il est impossible lorsqu'un

certain temps s'est écoulé sans rechute depuis la première condamnation, d'affirmer qu'il y a eu de la part
de l'agent cette persistance dans le crime et cette inefficacité de la répression qui motivent l'emploi de mesures exceptionnelles. L'ancienne jurisprudence criminelle paraissait avoir admis cette restriction ; elle ne faisait pas remonter la récidive au delà de trois ans et
Farinacius commentant cette règle disait que si le délinquant « *per dictum tempus bene et laudabiliter*
vixerit, cessat præsumptio quod semel malus; iterum
præsumitur malus » (1).

Et la même idée et la même règle avaient passé dans
une loi de l'époque intermédiaire : en effet, l'article 15
de la loi du 25 frimaire an VIII était ainsi conçu : « Il
y aura récidive quand un délit aura été commis par le
condamné dans les trois années à compter du jour de
l'expiration de la peine subie ».

Sous l'empire du Code Pénal, si après une condamnation pour crime ou une condamntion pour délit,
l'individu commettait un second délit, il était récidiviste quel que fût le temps qui s'était écoulé depuis
la condamnation antérieure. La récidive se constituait
donc par la répression du fait nouveau indépendam-
ment de l'époque à laquelle ce fait avait pu se produire.

Une telle disposition n'était pas sans soulever de
nombreuses critiques : en effet la condamnation peut

1. *Quæstio*, 23, n° 30.

s'effacer par une révision, une amnistie et depuis 1885
par la réhabilitation. Le Code Pénal admet même une
prescription et pour le délit et pour la peine : pourquoi
ne pas admettre en matière de récidive une prescription
ou une atténuation par le temps ? Le fait de la part du
condamné d'être resté pendant quelque temps sans
commettre un délit ne suppose-t-il pas en quelque sorte
une réhabilitation ?

Quelques lois spéciales, dérogeant en cette matière
aux principes du Code, avaient admis une prescription
annale de la récidive ; parmi ces lois il nous faut citer
celles du 6 octobre 1791 sur la police rurale tome II
art. 4 ; — 24 avril 1829 relative à la pêche fluviale art.
69 ; — 3 mai 1844 sur la police de la chasse, art. 14 ; —
21 juillet 1845 sur la police des chemins de fer art 21 ;
— décret du 6 avril 1852 sur les bureaux de placement
art. 4 ; — loi du 21 juillet 1856 art. 19 ; — 19 mai
1874 sur le travail des enfants dans les manufactures
art 26 § 3 ; — 15 juillet 1878 sur le phylloxéra art.
14 § 2. D'autres admettaient une prescription de cinq
ans, notamment la loi du 5 juillet 1844 sur les brevets
d'invention, art 43 ; — 27 mars 1851 art. 4 ; — 1er avril-
1851 art. 4 ; — 23 juin 1857 sur les marques de fabri-
que et de commerce art. 11.

Déjà le législateur de 1885 avait fait un premier pas
dans cette voie en exigeant que pour donner lieu à la
relégation, les délits devaient avoir été commis dans
les 10 ans non compris le temps de la peine subie.

Tel était en droit français l'état de la législation lorsqu'est intervenue la loi du 26 mars 1891. Nous allons successivement examiner à quelles prescriptions sont soumis les crimes, les délits et les contraventions.

Récidive de crimes. — Pour qu'il y ait lieu à l'aggravation de la pénalité, il faut mais il suffit que les deux termes de la récidive, le premier et le second fait, soient punis d'une peine afflictive et infamante. Il n'y a aucun compte à tenir du délai écoulé entre la première infraction et la nouvelle ; peu importe que la répétition des actes coupables ait eu lieu à long ou à court terme. Peu importe, comme nous l'avons déjà vu, qu'il y ait ou non identité dans les infractions. La récidive, en un mot, est générale.

La Commission de la Chambre des députés ayant reconnu qu'il était raisonnable d'établir « une prescription pour la récidive » comme il y en avait une pour la poursuite et pour la peine, on se demande pourquoi le législateur a laissé subsister le système du Code pénal (art. 56), à l'égard de la récidive de crime à crime. Pour être logique, il aurait fallu décider que cette récidive n'existerait plus après l'expiration du délai de la prescription criminelle ; mais on n'a pas songé à aller jusque-là, et dès lors, cette disposition nouvelle reste une anomalie dans notre législation.

Récidive des délits. — En cette matière, la loi du 26 mars 1891 a introduit une modification considérable. Elle n'attache plus (arguments des art. 57 et 58 modifiés) les conséquences de la récidive qu'à l'infraction commise dans les cinq années de l'expiration de la peine première ou de sa prescription.

Monsieur Barthou, rapporteur de la loi à la Chambre des Députés, a ainsi justifié cette innovation : « La présomption, qui sert de point de départ et de raison d'être à l'aggravation de la peine, n'est-elle pas l'aggravation supposée dans la perversité d'un agent qui, malgré l'avertissement reçu, s'est mis de nouveau en révolte contre l'ordre social ? Cette présomption est acceptable lorsque l'avertissement est de date récente. Mais lorsqu'un homme, qui n'a subi aucune poursuite durant les cinq années écoulées depuis son premier délit, se rend, depuis cette période de bonne conduite, coupable d'un fait délictueux, peut-on rattacher les deux faits l'un à l'autre et appliquer au second une aggravation dont la raison d'être serait le mépris de l'avertissement reçu ou l'aggravation présumée de la criminalité ? Pourquoi ne pas étendre à la récidive la règle suivie en matière de prescription ? Il y a une prescription pour la poursuite, il y en a une pour la peine, il est raisonnable d'en établir une pour la récidive ».

En matière correctionnelle, il faut donc depuis la loi de 1891, que la nouvelle infraction soit commise dans les cinq ans à partir de l'expiration de la peine ou de sa prescription : en un mot il faut la répétition à court terme des actes coupables et ce délai est une véritable prescription libératoire de l'état de récidive.

Le point de départ du délai de cinq ans se trouve modifié lorsqu'il a été fait au condamné application de la loi du sursis ; il part alors du jour de la condamnation et non de l'expiration de la peine.

Est-il nécessaire que la nouvelle condamnation soit intervenue pendant le sursis ou suffit-il que le délit qui le motive ait été commis pendant ce délai d'épreuve ? Logiquement cette seconde solution paraît préférable car c'est le délit plutôt que son jugement qui établit l'indignité du condamné. Il ne paraît pas douteux en effet que le deuxième terme de la récidive doive consister dans la seconde infraction commise avant l'expiration du délai alors même que la condamnation interviendrait plus tard. L'art. 57 et 58 al. 2. le disent expressément et les travaux préparatoires sont formels ; ainsi dans son premier rapport (p. 23). M. Bérenger s'exprimait ainsi : « La commission n'a donc attaché les conséquences de la récidive qu'au délit commis dans les cinq années ». Mais l'article 58 al. 1 adopte une autre formule puisqu'il déclare en état de récidive ceux qui « dans le même délai seraient reconnus coupables du même délit ou d'un crime ». Si on le suivait à la lettre, il faudrait donc dans le cas que prévoit ce paragraphe, faire consister le deuxième terme de la récidive non plus dans la deuxième infraction mais bien dans la deuxième condamnation intervenue pendant le délai de cinq ans. Il est évident pourtant que la règle

ne peut varier suivant qu'il s'agirait de la récidive prévue par les articles 57 et 58 al. 2 ou l'art. 58 al. I. La
pensée du législateur, étant clairement démontrée par
les travaux préparatoires et les textes qui précèdent
et suivent le paragraphe 1er, on ne saurait s'arrêter à
l'erreur de rédaction qu'il contient. Toutefois, en pratique, la question peut être embarrassante car la solution qui se baserait rigoureusement sur le texte du
paragraphe I serait plus avantageuse pour le condamné.

Le délai de cinq ans a été choisi parce qu'il est
celui de prescription de la peine. Ce délai, qui
existait déjà dans l'article 4 de la loi du 27 mars 1851,
au lieu d'être calculé du jour de l'expiration de la
première peine, était déterminé en remontant au jour
du deuxième délit, de telle sorte qu'il était nécessaire
que la condamnation fût prononcée dans les cinq ans
qui précédaient ce jour.

Le Parlement français a été critiqué pour avoir cir-
conscrit la récidive des délits dans le court délai de
cinq ans après la première condamnation. « Il y a
là, dit M. Brégeault, une déviation fâcheuse de la pensée qui avait inspiré l'auteur de la proposition... Nous
ne pouvons que regretter de voir un récidiviste même
criminel assimilé au bout de quelques années à un
délinquant primaire et déplorer la faculté laissée aux
malfaiteurs d'échapper aux peines de la récidive à la
seule condition de commettre un délit différent, fût-il

plus grave, que celui qui les avait amenés antérieurement devant la police correctionnelle ».

Monsieur Bérenger lui-même reconnaissait les inconvénients de cette disposition quand il disait que ce laps de cinq ans était « une sorte d'amnistie quinquennale au profit du criminel assez habile pour cacher pendant plusieurs années sa perversité ou assez prudent pour ne s'exposer que périodiquement à la rigueur des lois » (1).

Il n'est pas inutile de remarquer que le texte primitif de la proposition Bérenger ne dérogeait nullement sur ce point aux vieilles règles du Code pénal. C'est à la commission du Sénat que l'on doit d'avoir proposé cette prescription en matière de récidive de crime à délit et de récidive de délit à délit. « Les éléments constitutifs de la récidive, disait le rapporteur, aggravation de la perversité et par suite du danger social, mépris et inefficacité de l'avertissement reçu, ne se rencontrent véritablement que dans la répétition à court terme des actes coupables » (2).

Cependant nous ne pouvons qu'applaudir au principe établi par la loi du 26 mars 1891. Nous pensons que la culpabilité spéciale de l'agent augmente à mesure que le même agent commet des délits à des intervalles plus rapprochés. « La récidive, comme le dit très

2. Exposé des motifs, p. 8.
1. Premier rapport Bérenger, p. 72.

justement M. Garraud, ne saurait être un état permanent (1) ».

Celui qui retombe dans le délit après un long espace de temps est probablement poussé au mal par de nouvelles causes accidentelles et passagères, tandis que celui qui recommence tout de suite démontre clairement qu'il se fait désormais du délit un métier et par cela même mérite la qualification de récidiviste.

Récidive des contraventions. — En matière de simple police, « il y a récidive, porte l'art. 483 du C. P., lorsqu'il a été rendu contre le contrevenant dans les douze mois précédents, un premier jugement pour contravention de police commise dans le ressort du même tribunal ».

La condamnation antérieure ne doit pas être séparée de plus de douze mois de la contravention nouvelle. Cette disposition s'explique par le peu de gravité des contraventions de police, qui ne demandent une répression plus sévère que si le premier avertissement de justice est assez récent pour qu'une nouvelle infraction de la part de l'agent puisse être considérée comme une violation plus grave de la loi.

Mais quel est le point de départ des douze mois dont s'agit ? Doivent-ils être comptés à partir du jour où la première condamnation a été prononcée ou seulement à partir du jour où elle a acquis force de chose jugée ?

1. *Eléments de droit pénal*, t. II, N° 181.

Suivant quelques auteurs, il suffirait que le jugement ait été rendu dans les douze mois qui ont précédé la nouvelle contravention. Dans cette opinion, le tribunal de simple police n'aurait à se préoccuper que de la date du premier jugement combinée avec la date de la seconde contravention. Il nous semble plus exact de compter les douze mois non à partir du jour où la première condamnation a été prononcée mais à partir de celui où elle a acquis force de chose jugée. La récidive, en effet, suppose toujours comme premier terme une condamnation antérieure, irrévocable. Il importe, du reste, de remarquer que le second terme de la récidive c'est le fait de la nouvelle contravention, par conséquent, la date de ce fait et non point la date du jugement à intervenir ou celle des poursuites. Par conséquent, on ne tient dans ce calcul aucun compte ni de la date de la première contravention, ni de celle de la seconde condamnation. Ainsi il peut y avoir récidive alors que plus de douze mois séparent soit les deux contraventions, soit la première contravention et la condamnation de la seconde, soit les deux condamnations (1).

Mais il ne peut y avoir récidive qu'autant que le premier jugement rendu dans l'année contre le contrevenant précède la seconde contravention. Dès lors, celui qui est traduit à la même audience pour deux contra-

1. Cas. 2 août 1828. 17 juin 1830. 23 mai 1839.

ventions constatées par deux procès-verbaux ne peut
être constitué en état de récidive par la première condamnation prononcée à cette audience et postérieure par
conséquent à la seconde contravention.

Législation comparée.

Italie. — Dans le droit italien, il y a lieu de remarquer que l'état de récidive est toujours temporaire :
tandis que pour le code français cet état et perpétuel
dans le cas de l'article 56 et temporaire dans les cas des
articles 57 et 58 modifiés par la loi du 27 mars 1891
et de l'article 483 du Code pénal. Cette prescription est
de dix ans à dater du jour de l'expiration de la peine
ou de l'extinction de la condamnation si la peine précédemment encourue avait une durée supérieure à ce
temps, de cinq ans dans tous les autres cas.

Allemagne, Hongrie. — Le délai, qui doit séparer
les deux condamnations, est dans le code allemand de
dix ans (articles 244, 246, 250, 261, 264).

Il en est de même dans le code de Hongrie, (art.
338, 349, 371, 381).

Autriche, Hollande. — Pour donner lieu à l'application des peines de la récidive, il faut, dans les codes
autrichiens et hollandais, que le nouveau délit soit commis dans les cinq ans à partir de la condamnation.

Suède. — La prescription de la récidive est de dix
ans à compter de l'accomplissement ou de la remise

de la première peine pourvu toutefois que pendant ce délai le délinquant n'ait pas commis de crime emportant la dégradation civique ou n'ait pas été condamné pour le même crime même commis antérieurement.

Suisse. — D'après le Code du canton de Neufchâtel il n'y a jamais récidive lorsqu'il s'est écoulé plus de dix ans depuis l'expiration de la peine principale.

L'article 39 de l'avant-projet au code fédéral suisse, préparé par M. Stoos, contient en cette matière les dispositions suivantes :

« La peine doit dépasser la moyenne... lorsque le délinquant dans les cinq années qui précèdent le délit... » Une seule condition suffit donc pour constituer un individu en état de récidive : il doit avoir commis un nouveau méfait dans les cinq années depuis sa libération.

Russie. — Ce n'est qu'en 1892 qu'une loi a introduit dans le Code pénal russe la prescription de la récidive et qui en a fixé la durée à dix ans.

Ce délai n'est plus le même dans le projet du Code pénal actuellement soumis à une commission, il varie suivant la gravité des infractions. En effet, l'aggravation n'est encourue que si la seconde infraction est commise dans l'espace de cinq ans pour les crimes ; trois ans pour les délits ; un an pour les contraventions à partir du jour où la première peine a été subie.

Section IV

Condition de lieu.

Tandis qu'en matière de crimes et de délits, la loi ne se préoccupe pas, en ce qui concerne la récidive, du lieu où ils ont été commis, elle exige pour les contraventions que le contrevenant ait été condamné par le même Tribunal, en d'autres termes, que les deux contraventions aient été commises dans le ressort du même Tribunal de police.

Autrefois, on se demandait si l'on pouvait considérer comme émanant du même Tribunal, le jugement rendu par le juge de paix du canton et le jugement rendu par le maire d'une commune de ce canton, en vertu de l'article 166 du Code d'Instruction Criminelle. On répondait affirmativement. Mais la question ne peut plus se présenter depuis que la loi du 27 janvier 1873 a supprimé la juridiction des maires et abrogé l'article 166 du C. I. C.

Il peut se faire qu'un individu, étant poursuivi pour une infraction devant le tribunal correctionnel, cette infraction perde à l'audience le caractère de délit pour n'être plus envisagée que comme une contravention et que le tribunal correctionnel ne prononce qu'une peine de simple police. Cette condamnation devra-t-elle en-

trer en compte pour l'application des peines de la récidive par le tribunal de simple police saisi d'une contravention ultérieure, pourvu bien entendu que les deux
infractions aient été commises dans le ressort du même tribunal? Non, dit une première opinion, car on ne
peut pas dire que c'est le même tribunal qui a jugé.

Mais cette opinion fait de l'article 483 du C. P. une
interprétation trop étroite : cet article exige seulement
qu'il ait été rendu contre le prévenu un premier jugement pour contravention de police commise dans le ressort du même Tribunal, c'est-à-dire que les deux contraventions soient commises dans le ressort du même
tribunal de police sans exiger, en outre, que les deux
jugements soient rendus par la même juridiction.

CHAPITRE I V

Dans le projet de réforme du Code pénal français il n'y a récidive que si la condamnation précédente a été de pius de trois mois d'emprisonnement, un total de trois mois seulement serait insuffisant. Jamais la détention n'entraîne la récidive. C'est ce qui résulte des articles 64 et 65 ainsi conçus.

« Si un individu, après avoir été comdamné à plus de trois mois d'emprisonnement résultant d'un ou plusieurs arrêts ou jugements commet un nouveau crime ou délit entrainant l'emprisonnement la durée de la peine..... La disposition du paragraphe précédent cesse d'être applicable lorsque le nouveau crime a été commis plus de cinq ans après la libération définitive » (art. 64).

« Si un individu, après avoir été condamné à un an d'emprisonnement, commet dans un délai de dix ans à partir de sa libération, un nouveau crime passible au

minimum d'une année d'emprisonnement, la peine portée par la loi... La disposition des paragraphes précédents cesse d'être applicable lorsque le nouveau crime
ou délit a été commis dans un délai de dix ans depuis
la libération » (art. 65).

A la différence de la loi du 26 mars 1891 qui punit
la récidive, quelle que soit la durée de l'emprisonnement, le projet du Code pénal français prend un moyen
terme : trois mois d'emprisonnement.

En outre, à l'exemple de la loi de 1891, il fixe un
délai pour la rechute dans l'infraction : car une faute
commise longtemps après la condamnation ne prouve
pas cette perversité, cette obstination que l'aggravation
de peine résultant de la récidive a pour but de réprimer. Le délai est de cinq ou dix ans suivant la gravité
de l'infraction antérieure.

Enfin, le projet revient au principe de la récidive gé_
nérale : il y a récidive de délit ou crime quelconques
à délit ou crime même très différents : pourvu qu'il
s'agisse toujours d'emprisonnement et non pas de détention.

Cette dernière disposition peut paraître surprenante ;
en effet jusqu'en 1891 le principe de la généralité existait seul dans notre Code pénal : la loi du 26 mars 1891
a établi la spécialité en matière correctionnelle ; à
l'étranger le principe de la spécialité prévaut presque
partout : pourquoi donc le projet français l'abandonne-
t-il complètement pour revenir au principe de la réci-

dive générale ? Ce retour à l'ancienne règle s'explique et se justifie par le désir de donner plus d'efficacité à la répression. La perversité humaine n'est pas moins redoutable lorsqu'elle se révèle sous des formes différentes : elle ne dépend pas en effet d'une analogie plus ou moins complète entre les infractions successives mais par la persistance mise par le délinquant ę enfreindre les lois pénales.

Tel était du reste, à cet égard, l'avis du congrès pénitentiaire international de Paris (1895) qui avait voté la résolution suivante : « La récidive peut être, suivant la gravité des cas, générale, spéciale ou subordonnée à des conditions de temps.

Vu par le président de la thèse

LE POITTEVIN

Vu par le Doyen.

GARSONNET

Vu et permis d'imprimer
Le Vice-Recteur de l'Académie de Paris

GRÉARD

BIBLIOGRAPHIE

ANDRÉ (L.). — La récidive.

BARTHOU (L.). — Rapport à la Chambre des Députés.

BÉRENGER. — Rapport au Sénat.

BERTAULD. — Etude sur la loi du 26 mars 1891.

BLANCHE. — Eléments du droit pénal.

BRÉGEAULT. — Etude sur la loi du 26 mars 1891.

BONNEVILLE. — De la récidive.

BULLETIN de l'Union internationale de droit pénal.

CHAMPCOMMUNAL. — Examen critique et comparé du projet
    ʻ de réforme du C. P. français.

CAPITANT. — Etude sur la loi du 23 mars 1891.

CARNOT. — Commentaire sur le C. P. français.

CARPENTIER. — Répertoire alphabétique.

DALLOZ. — Répertoire alphabétique.

DESJARDINS. — Mélanges.

DROIT criminel des Etats européens (Etude comparée sur le).

FARINACIUS. — Quæstiones.

FERNEZ DE MONTGEX. — Revue pénitentiaire.

FRANCE JUDICIAIRE (Annales de la).

GARÇON. — Etude sur le projet de réforme du C. P. russe
        (Revue pénitentiaire 1896).

GARRAUD. — Droit pénal.

GAZETTE DU PALAIS. — Répertoire alphabétique de la..,

HANS. — Droit pénal belge.

HÉLIE (F.). — Droit pénal.

JOLY (H.). — La récidive et les récidivistes.

LE POITTEVIN. — Rapport au cinquième Congrès pénitentiaire.

LÉVEILLÉ. — Article du Journal « Le Temps. »

LOCARD. — Commentaire de la loi du 26 mars 1891.

LUCAS. — La récidive.

LUCCHINI. — Le droit pénal et les nouvelles théories.

MAYART DE VOUGLANS. — Revue étrangère et française de législation.

MAHOUDEAU. — Revue étrangère et française de législation.

ORTOLAN. — Droit pénal.

REVUE de droit international.

REVUE étrangère et française de législation.

REVUE pénitentiaire.

SIREY. — Recueil des Lois et Arrêts.

TISSOZ. — Eléments de droit pénal.

TREPPOT. — Etude théorique et pratique de la loi Bérenger.

TYPALDO BASSIA. — La récidive et la détention préventive.

VAN SWINDEREN. — Esquissé du droit pénal actuel dans les Pays-Bas et à l'étranger.

VON LIST. — Le droit criminel des Etats européens.

TABLE DES MATIÈRES

INTRODUCTION

CHAPITRE PREMIER

HISTORIQUE

CHAPITRE DEUXIÈME

PREMIER TERME DE LA RÉCIDIVE

Condamnation antérieure.

DIVISION

CHAPITRE TROISIÈME

DEUXIÈME TERME DE LA RÉCIDIVE

Nouvelle infraction.

DIVISION

CHAPITRE QUATRIÈME

DE LA RÉCIDIVE DANS LE PROJET

Imprimerie des Ecoles, Henri Jouve, 15, rue Racine, Paris.

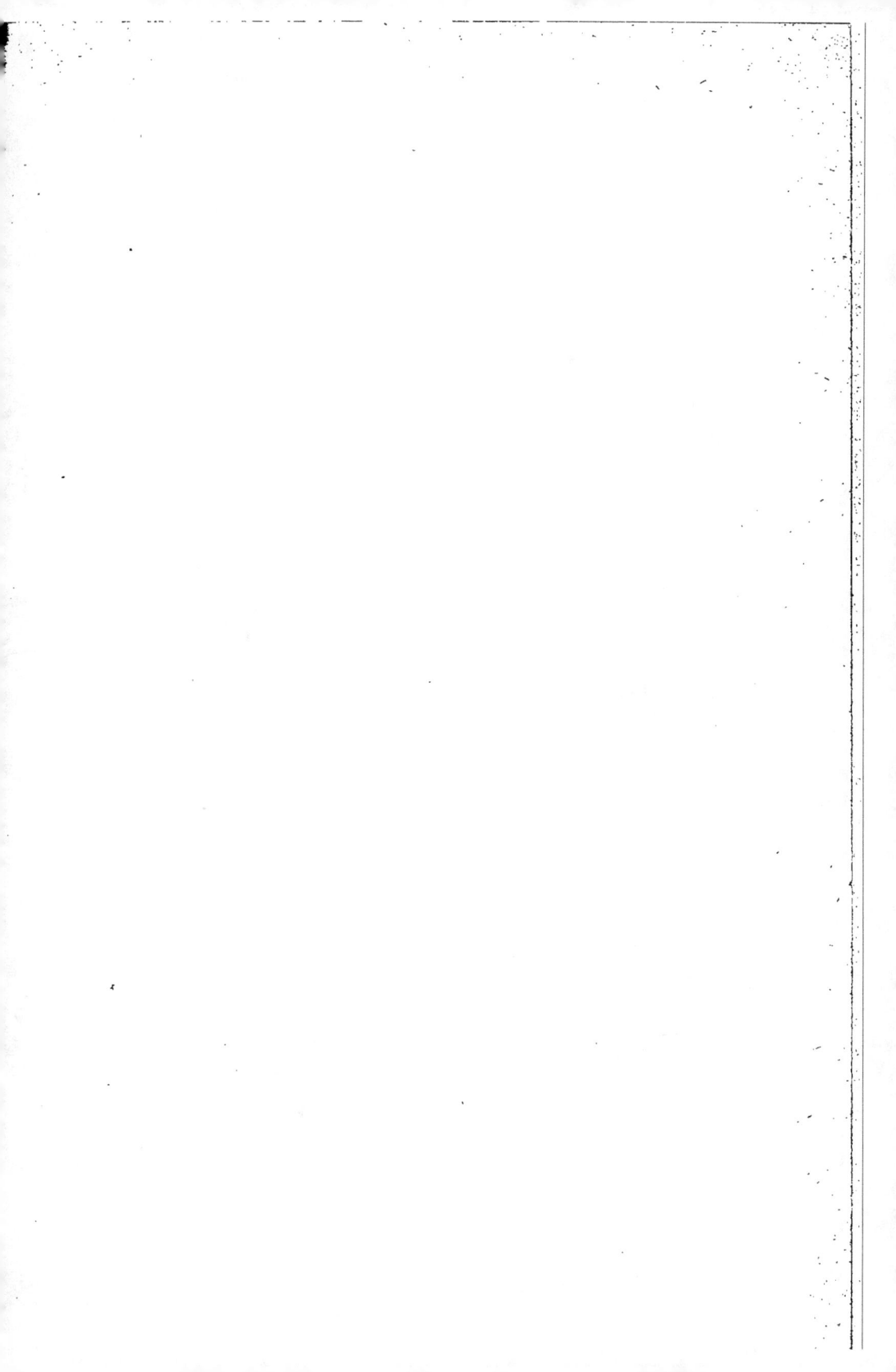

Imprimerie de la Faculté de médecine, H. JOUVE, 15, rue Racine, Paris

www.ingramcontent.com/pod-product-compliance
Lightning Source LLC
Chambersburg PA
CBHW071106210326
41519CB00020B/6192